Bibliografische Information der Deutschen National-bibliothek: Die Deutsche Nationalbibliothek verzeichnet diese Publikation in der Deutschen Nationalbibliografie; detaillierte bibliografische Daten sind im Internet über dnb.dnb.de abrufbar.

© 2021
Herstellung und Verlag: BoD – Books on Demand, Norderstedt
ISBN : 9 783754 318010

Ich widme dies Büchlein der Familie Tendis, die zu den tragenden Christen und hingegebenen Gründern des Café Jerusalem zählte. Gott hat dieser Familie tiefes Leid zugemutet. Möge Gott Olafs und Doris' Enkelkinder segnen.

Dieter Müller

MISSIONARISCHE SOZIALARBEIT

20 JAHRE CAFÉ JERUSALEM IN NEUMÜNSTER

FAKTEN ERINNERUNGEN IMPRESSIONEN DEUTUNGEN

1994 - 2014

ANGEFOCHTEN, ABER GESEGNET

2021

INHALTSVERZEICHNIS

Vorwort   xi

I. 1994 – 2001
Das Café Jerusalem unter Gottes wunderbarem Segen mit glaubender Leidenschaft geleitet von Stefan Burmeister   **1**

1. Gottes Impulse   **3**
Impuls I 3
Impuls II 4
Impuls III 5
Impuls IV 6

2. Der Anfang – Senfkorn groß   **9**
1994 - 1998 – Gründerzeit 9
   Geistliche „Flitter-Wochen" in der Kaiserstraße 12
   Schritte, Versuche und Erfahrungen 22
Würde durch Arbeit 36
   Arbeit durch Gebrauchtmöbel 36
   Arbeit durch die Straßenzeitung – Teil I 45

Auf der Suche nach einer Herberge 50
 Sackgassen – Kaufobjekte 50
 Grundsanierung – das günstige Angebot . . . 53

3. Die Bahnhofstraße 44   **57**
Hart gefordert, aber hoffnungsfroh.
 Das „CJ" 1998 Teil I 57
 Information und Spendenbitte 57
 Hoffnungsvolle Aussichten 64
 Vergewisserung – unser Informationsblatt . . . 69
 Wir gewannen neue Kraft – 1998 Teil II 78
1999 Neubeginn, aber in Kontinuität 85
 Wieder Zahlenspiele 85
Natürlich Gottesdienst – mit Altar 90
Der Bibelgesprächs- und Gebetskreis 96
Feste im Café Jerusalem 96
 Sommerfeste 97
 Unsere Weihnachtsfeiern 101
Endlich effektive Verstärkung
 Zwei Fachfrauen 104
 Doch zunächst wieder Zahlenspiele 104
 Das „CJ" in seinem siebenten Jahr 106

II. 2001-2014
Beschneiden,
um gesunder zu wachsen
Das Café Jerusalem

geleitet von Andreas Böhm   109

4. Beschneiden der Wucherungen...   111
2001 - 2005 – Auf Sicht weiter mit Gott 111
Die Jerusalëmmer eine Erfolgsgeschichte . . . 113
Das Möbellager unser Problemkind 117
Warum? Geistliche Irritationen 121
Dennoch weiter 122
Endgültig aus für das Möbellager 123
Glauben verstehen, stärken und teilen 127
Was sonst noch im Café geschah 129
Spendenaufruf 2004 130

5. Auf und ab unter Gottes Kontrolle
2006-2009   139
Kontollierter Rückbau mit Gewinn 139
Ringen um den einzelnen Menschen 140
Das unverzichtbare Ehrenamt 141
Fußballweltmeisterschaft
ein ökumenisches Glanzlicht 141
Veränderung im Vorstand 143
Notwendigkeiten, Erweiterungen und Ver-
besserungen 143
Logos Hope – Mitten in Bedrängnis
Ein realer Blick in die Weltmission . . . 149
Geistlicher Rückblick auf 15 Jahre 152
Erneut internationales Flair im Café 156
Beratungsbedarf und seelsorgliche Präsenz . . 157

Öffentlichkeitsarbeit
Tue Gutes und rede darüber...? 159

6. 2010-2014
   5 Jahre bis zum 20jährigen Jubiläum   **161**
   Ein durchaus gesundes Angebot 161
   Zunächst einige Zahlen: 161
   Gesundheits- und Hygieneangebote 162
   Diversität im Speiseplan 162
   Seelsorgliche Begleitung – unser Markenkern . 163
   Wieder einmal Licht aus? 164
   „Mittendrin, statt nur dabei" 165
   Die Vielfalt
   des arbeitenden Lebens im „CJ" 165
   Was sich sonst noch begab 168
   Die Vision eines Lebenshauses 169

7. 20 Jahre
   Ein sehr langer Weg in kurzer Zeit   **175**
   Von der himmlischen Vision in die irdische Wirk-
   lichkeit 175
   Bewahrt auf einem Weg voller Gefahren 178
   Geistliche Leitung 178
   Das „CJ" neue Familie auf dem Weg zu Gott . 181
   Gottes Schmerz ging am CJ nicht vorüber 183
   Wechsel im Vorsitz 185
   2014 – Predigt zum Jubiläum 185
   Gottlob – 7 Jahre
   Wachstum mit Stefan Burmeister 191

Gottes gute Wahl
        18 Jahre mit Andreas Böhm 195

8. **Zwei Beispiele aus dem großen Kreis der Mitarbei-
   ter**   **199**
   Zum Beispiel: Christa Marklin 199
   Zum Beispiel: Olaf Tendis 202

9. **Ein persönlicher,
   zurück blickender Ausblick**   **207**

VORWORT

Das Café Jerusalem ist Gottes eigenes Restaurant in Neumünster. Das Wort „Restaurant" hat über das Französische
eine lateinische Wurzel. Restaurare heißt wiederherstellen
oder erneuern oder wiederaufbauen. Gebrochene Menschen
wiederherstellen, niedergedrückte Menschen aufrichten, sie
im Hinblick auf das ewige Leben in Gottes Himmel erneuern, das ist das von Gott anvisierte Ziel und die Mitte meines
nachdenklichen Berichts über 20 Jahre Geschichte eines ins
Vereinsregister eingetragenen Vereins.

Dies Buch ist nicht aus einem Guß. Es enthält Fakten aus
Archiven, Erinnerungen, Impressionen und Deutungen. Es
versucht Gottes Geschichte zu verstehen, die sich seit 1994
im Café Jerusalem ereignet hat. Am Ende ist dies Buch sehr
schnell zusammengewachsen und an manchen Stellen auch
gewuchert. Deshalb findet der Leser auch Wiederholungen.
Auch die sind nicht sinnlose Redundanz. Sie setzen Akzente.

Der wahre Gott macht und schreibt auf Seiner Erde Geschichte. Sinn und Ziel dieser Geschichte enthüllen sich oft
erst im Nachhinein. Dies Buch ist also ein – auch persönlich
gefärbter – Zwischenbericht aus einem laufenden Prozeß, in
den ich 18 Jahre als erster Vorsitzender eingebunden war.
Wer sich der Geschichte Gottes erinnert, ehrt Gott und kann

sich dem Lob Gottes nicht entziehen, weil Gott am Ende alles gut und recht macht.

Es war eine gute Frage, die neu hinzugekommene Vereinsmitglieder in der Mitgliederversammlung stellten: „Wie fing alles an?" Wie fing es an und was geschah in den vergangenen Jahren in der Geschichte des Café Jerusalem? Das „CJ" ist winziges Teilchen einer allumfassenden, durch alle Zeiten die ganze Welt ergreifenden Rettungsgeschichte. Gott wirkt diese Geschichte in der Kraft seines Geistes als Kontrastgeschichte der Liebe, der Versöhnung und der Barmherzigkeit im Namen Jesu Christi gegen die Macht des Bösen. Und das zweifellos auch bei uns in Neumünster. Dies Buch ist der Versuch, einen winzigen Ausschnitt dieser Geschichte zu beschreiben.

Im Café Jerusalem hat der Dreieine Gott, der Gott des christlichen Glaubens, 1994 in Neumünster kreativ eine neue, noch fehlende Filiale seiner „Restaurations-Kette" eröffnet, die im Namen Jesu Christi zielgerichtet der sozialen Gruppe der Armen wahres Leben anbietet. Wahr kann Leben ohne Gott nirgends sein. Dies Büchlein ist der zweifellos subjektive Versuch, aus der Fülle der Ereignisse und der Menschen, die Mitarbeiter und Gäste dieses Hauses Christi waren und sind, einiges beispielhaft zum Lobe Gottes in Erinnerung zu rufen. Es ist der Reichtum ihres Lebens und Dienens, in dem Gott sich trotz unbestreitbarer menschlicher Schwäche barmherzig liebevoll verherrlicht.

Am Ende des Johannes-Evangeliums heißt es: „Es sind noch viele andere Dinge, die Jesus getan hat. Wenn aber eins nach dem andern aufgeschrieben werden sollte, so würde, meine ich, die Welt die Bücher nicht fassen, die zu schreiben wären." (Joh 21,25) Was damals zur Zeit Jesu Christi galt, das gilt gleichsam im Mikrometer-Format auch für das Café Jerusalem. Dies Café ist ja auch, aus der Fülle Gottes heraus entstanden, „in aller Schwäche ein starkes Angebot". Gott allein erinnert und kennt all die Menschen, die von Anfang an die Räume und Zeiten des „CJ" mit Leben gefüllt haben. Jeder Einzelne ein Mensch, über den man – hätte man Gottes Blick und Gedächtnis – eine Bibliothek von vielen Büchern schreiben könnte. Jeden hat Gott gerufen – als Mitarbeiter oder als Gast, in die Leitung oder in die Küche, an den Tresen oder in den Putzdienst, in den Fahrdienst oder in die Kleiderkammer, in den Zeitungsverkauf oder in die Redaktion, in den Dienst des Hausmeisters oder den des Seelsorgers und Beraters…

Ein erinnernder Blick in die Mitarbeiterlisten läßt staunen: Wieviele vertraute Namen, wieviel liebe Menschen, die sich glaubend, von Gott angestoßen, mit ihren Begabungen hineingaben in Gottes Werk. Jeder ein Geschenk Gottes. Ja, es sind wirklich nicht wenige, die über Jahre hinweg viel Lebenszeit, viel Kraft und viel Herzblut in Gottes Werk hinein geschenkt haben – gerufen von Gott. Ich würde sie alle gern mit Namen nennen und beschreiben, was sie leisteten und schenkten. Ich kann es nicht. Und genau bedacht geschah ja alles zur Ehre Gottes. In Wahrheit ist alles Leibwerdung Christi in menschlicher Geschichte. Das biblische „Ehre sei Gott in der Höhe!" wird darin in Wahrheit leibhaftig, gewinnt Hände und Füße. Weil Gott leibhaftig Mensch wurde, verwirklicht sich auch das Lob Gottes in Fleisch und

Blut, und genau in diesem leibhaftigen Gotteslob – wo denn sonst – weitet sich das stets an Leib, Geist und Seele gefährdete Leben des Menschen, da beginnt es zu heilen, und da wächst ihm Sinn zu. Das gilt nicht nur für das Leben des Menschen, der im Café Hilfe empfängt, nein, das wird ganz gewiß auch die Erfahrung des Helfenden, der sich schenkt. So ist es bei Gott.

Ich gliedere dieses Buch nach den beiden Leitern, die von 1994-2014 zwanzig Jahre lang das Café geprägt haben. Es wäre völlig unangemessen, dies Buch als geistliche Heldengeschichte zu verstehen. Beide Leiter hat Gott nacheinander in die Leitung seines Restaurants berufen und beauftragt, es zu seiner Ehre zu leiten und nicht, um sich zu bewähren und auf der sozialen Prestigeleiter nach oben zu steigen. Sie waren Diener Gottes mit ihren Stärken und Schwächen. Ohne die vielen Mitarbeiter, die Gott ebenso wie sie berufen und herausgefordert hat in Gebetsdienst, Küche, Hausmeisterei, Bedienung, Beratung oder Straßen-Zeitung wären die Leiter nichts. Diese vielen tragenden Mitarbeiter kamen nicht aus dem Nichts in's Café Jerusalem. Sie waren geistlich in den Neumünsteraner Gemeinden herangewachsen und brachten ihre Erfahrung und ihr Wissen, das sie im Beruf oder Haushalt gelernt und bewährt hatten, in Gottes neues „Restaurant" ein. Aller wahre Wert liegt hier darin, von Gott gerufen, unverzichtbar Teil des lebendigen, geistgewirkten Organismus „Café Jerusalem" zu sein. Wer hier eine Prominenz-Hierarchie aufstellt, schneidet Gott die Ehre ab.

Angela Burmeister sprach 2009 in einem wegweisenden

Rückblick die CJ-Wahrheit unübertrefflich aus: „Der Anfang vom Café Jerusalem? Den kennt Gott allein, denn lange bevor es für uns äußerlich sichtbar wurde in Form des Hauses in der Kaiserstraße, hatte Er schon alle Fäden gespannt, die Menschen schon gerufen, vorbereitet und zueinander geführt. Es gilt hier nicht, einen oder viele Einzelne zu loben, sondern Gott allein. Er bündelte unsere Gaben und setzte sie ein. Wir fanden Erfüllung im Dienen.

Wem sollen wir danken für die erfahrungsreichen Jahre des Lebens mit den Menschen, die das Café aufsuchten? Für die empfangene und weitergegebene Liebe? Gott allein. Wen sollen wir loben für die Herzensqualität der Begegnungen und der Arbeit, die Hingabe an Christus? Gott allein, denn Er wirkt in uns und durch uns."

Wer das Café Jerusalem verstehen will, muß drei Aspekte im Blick behalten: den inspirierenden, präzis in Raum und Zeit gezielten und adressierten Auftrag Gottes; die Realität des in Leib, Geist und Seele existierenden individuellen Menschen, der seiner Natur nach nur in sozialen Strukturen leben kann; und als dritten Aspekt den Prozeß, in dem Gottes im Himmel verwurzelte, nach der irdischen Realität greifende Herrlichkeit sich mehr oder weniger in sündigen Menschen – so sagt es die Bibel – und ihren sozialen Strukturen verleiblicht.

Herzlich möchte ich Christa Marklin danken für die Vorarbeit, die sie im Sammeln und Sichten von Akten geleistet hat. Ohne diese Arbeit hätte ich das Buch nicht schreiben können. War meine Absicht ursprünglich, eine sozialwissenschaftlich faktenbasierte historische Darstellung über 20 Jahre Café Jerusalem zu bieten, wurde mir doch schnell klar, daß mir dafür Lebenszeit und Kraft fehlen. Sie wäre auch dem Café Jerusalem nicht angemessen, denn sie wäre um den Menschen zentriert und nicht um Gott, den wirklichen Inszenator. Ich werde versuchen, dem Geist Worte zu geben, der das Café Jerusalem entstehen ließ, und mich bemühen, seine faktische soziale Verleiblichung in Menschen und Ereignissen durch oft anekdotische Skizzen, beispielhafte Protokollnotizen und Dokumente aus der Café-Geschichte zu beschreiben, die unsere jeweilige Situation damals innerlich und äußerlich spiegelten. Das Café Jerusalem ist ein Werk des Glaubens an den heiligen und barmherzigen Dreieinen Gott, dessen Wesen Liebe ist. Und diese Skizzen und Würdigungen sind ein fragmentarisches Zeugnis dieses Glaubens.

Ich wurde nach den Anfängen gefragt. Hier liegt der Schwerpunkt meiner geistlich bedachten Darstellung. Das ist angemessen, denn ab 2005, also für die zweite Hälfte – liegen die hervorragend aufgeschlüsselten Jahresberichte[1] vor, die jeder, der wissen möchte, wie es weiterging, im Internet einsehen kann.[2] Sie waren mir eine wichtige Erinnerungshilfe.

Dieter Müller

---

[1] https://www.cafe-jerusalem.org/ueber-uns/zahlen-fakten/
[2] Vgl. auch: https://www.cafe-jerusalem.org/projekte/strassenmagazin-Jerusalemmer/archiv/

Teil I.

1994 – 2001
Das Café Jerusalem unter Gottes wunderbarem Segen mit glaubender Leidenschaft geleitet von Stefan Burmeister

1. GOTTES IMPULSE

Impuls I

Das Café Jerusalem ist im Glauben verwurzelt und hat eine Vorgeschichte, die Gott längst vor der Gründung im Jahr 1994 inszenierte. Schon 1982 hörte ich auf einem Ökumenischen Europa-Kongress der Charismatischen Erneuerung in Straßburg mit über 20.000 Teilnehmern den begeisternden Vortrag eines Baptistenpfarrers aus dem französischen Lille, der dort eine Armenarbeit begonnen hatte und von dem geistlichen Kraftstrom sprach, der von einer solchen Arbeit in die Stadt ausgeht. Ermutigend war seine Erfahrung: Wenn die Christen etwas für die Armen tun, machen die Reichen ihre Geldbörsen auf. Es war ein Anstoß.

Mir traten zwei Menschen wieder ins Bewußtsein, denen ich in jungen Jahren aus Angst die helfende Hand verweigert hatte: Der verzweifelte Betrunkene, der in der Kieler Moorteichwiese im Abenddunkel auf einer kleinen Ruine torkelte, tanzte und schrie. Es muß etwa 1955 gewesen sein. Ich war gerade Christ geworden, hatte das starke Gefühl, ich müsse mich um den Mann kümmern und wagte es nicht. Oder der Clochard in Paris, den brutale Fleischhandwerker bei den „Hallen" zusammenschlugen und dann in eine

Mülltonne warfen; und ich, selber in der fremden Stadt eine Nacht ohne Obdach auf einer Parkbank, wendete den Blick, ab voller Angst. Es war eine schmerzende Erinnerung Gottes, die in Straßburg wieder ins Bewußtsein trat.

Impuls II

1987 trafen sich in der Anscharkirche mehr als 600 Christen aus Nordelbien zum 2. Regionaltreffen der Geistlichen Gemeinde-Erneuerung, um Gott zu loben und zu preisen. Inmitten der bergenden Atmosphäre, die da entsteht, wo Menschen Gott ihr Herz öffnen, zeigte uns Johannes Czwalina, der Gründer der Basler Alban-Arbeit, damals ein Meister organisierender Nächstenliebe, hinreißend beispielhaft, daß die Qualität christlichen Glaubens nicht zuletzt davon abhängt, wie tief sich die Christen den Armen verbunden wissen. Er betete für uns: „Vater, schenke Neumünster ein kleines, feines Projekt!" Genau diese Bitte hat Gott erhört. Das Café Jerusalem ein kleines feines Projekt. Und Stefan Burmeister, der kreative hingerissene Leiter der ersten Jahre, ist wenig später nach Basel gereist, um das Projekt dort zu sehen. Schon damals hatten wir den Eindruck, daß Gott ihn zum Dienst an den Armen verpflichten wollte.

Impuls III

Auf der Glaubenskonferenz der Evangelischen Allianz 1993
– wieder in der Anscharkirche – berichtete die Pastorin
Heidi Krause über ihre Erfahrungen mit Armen in Berlin.
Der Anstoß Gottes ging tiefer und diesmal breiter in die
Ev. Allianz Neumünsters hinein. In ihrer Predigt warb
sie enorm herausfordernd etwa mit diesen Worten: Jesus
Christus sagt mit tiefem Ernst: (Matthäus 25, 40 + 45):
„Was ihr getan habt einem von diesen meinen geringsten
Brüdern, das habt ihr mir getan. Was ihr nicht getan habt
einem von den Geringsten, das habt ihr mir auch nicht
getan." Gnade uns Gott, wenn wir diese Worte nicht in
tiefer Betroffenheit hören. Den Armen gehört die leiden-
schaftliche Liebe Jesu. Bei ihnen will er uns an seiner Seite
haben. Welche Bewegungsrichtung hat dein Leben? Zieht
es dich nach oben? Zu den wichtigen, den potenten Leuten?
Jesus ist unten bei den Armen und Geringen. Wenn du
nicht an der Seite der Armen sein willst, dann will Jesus in
Ewigkeit nicht an deiner Seite sein. So eng verbindet sich
Jesus mit den Menschen in der Not. Wenn wir uns nach der
Nähe Jesu sehnen, dann müssen wir auch dahin gehen, wo
er ist. Sein vornehmster Platz ist bei den Armen, die seine
Hilfe am nötigsten brauchen.

Dieser Impuls der Berliner Pastorin verband sich bei
uns Pastoren mit der fast alltäglichen, im Grunde hilflo-
sen Erfahrung, die uns wandernde Obdachlose vermittelten, wenn sie an den Pastoratstüren um Essen oder lieber

einen „Heiermann"[1] bettelten.

Impuls IV

Im Jugendkeller und der Kapelle der Anschargemeinde trafen sich inzwischen wöchentlich Christen der Neumünsteraner Allianz zum Gebet gerade auch für ein solches Projekt. In den Gemeinden der Allianz wuchsen Mut und der Entschluß, im Vertrauen auf Gott ein Café für die Armen zu schaffen. Auf einem lobpreisenden Gebetsmarsch durch die Fabrik- und Kaiserstraße erbaten die Teilnehmer von Gott die ehemalige Stehbierhalle, auf die unser bescheidener Blick gefallen war, und die zum ersten Café Jerusalem werden sollte.

Zu den Impulsgebern gehörte auch die Einfelder Christin Doris Tendis. Sie hatte, wenn ich mich richtig erinnere, gemeinsam mit ihrem Sohn Norman und dem obdachlosen Einfelder Udo Sch. und seinen wie er auf der Straße lebenden Freunden den Heiligen Abend in einem Neumünsteraner Abbruchhaus gefeiert. Udo ließ sich in den Lobpreisgottesdienst in der Anscharkirche einladen und lernte hier Jesus kennen. Auch wenn er nie vom Alkohol frei wurde und am Ende auf einer Parkbank starb, war er in aller Schwäche ein Zeuge Jesu Christi, der sich seiner Bibel nicht schämte, sondern sie öffentlich las.

---

[1] 5 DM

In Stefan Burmeister reiften diese Impulse, er ließ sich in Rickling zum Diakon ausbilden und ging nach dieser Ausbildung für rund ein halbes Jahr zum Hamburger Jesus-Center, von dem wir durch ihn eine Menge Ideen und Anstöße erhielten.

2. Der Anfang – Senfkorn gross

1994 - 1998 – Gründerzeit

Am 29. Juni 1994 haben wir den Verein im Gemeindehaus der Luthergemeinde in Tungendorf gegründet. Zu den
10 Gründungsmitgliedern gehörten die Pastoren Hermann,
Hübscher, Krämer, Reinholtz, Prediger Juhler und Dr. Dieter Müller. Alle verbunden in der Ev. Allianz Neumünster.
Weiter waren an der Vereinsgründung beteiligt die Christen Christa Marklin, Angela Wolf, Olaf Tendis und Thomas
Börner. Christa Marklin, Bilanzbuchhalterin und Prokuristin, war bereit, die Kasse zu führen und mit ihrem präzisen
Sachverstand für solide Buchführung zu sorgen. Sie hat ehrenamtlich 20 Jahre lang immens viel Kompetenz, Zeit und
Kraft in dies Werk des Glaubens investiert. Angela Burmeister, Stefans Frau, brachte ihre Erfahrung in der Verbandslei-
tung und ihre Fähigkeit zu strukturieren und zu organisieren vorbehaltlos ein. Das Ehepaar Tendis hatte sich schon
früher für Obdachlose engagiert. Der Diplom-Chemiker
Olaf Tendis war bereit, Vorstandsmitglied zu werden. Bärbel Hoffmann aus der Andreasgemeinde übernahm, nachdem das Gründungs- und Vorstandsmitglied Thomas Börner aus persönlichen Gründen schon im Dezember 1994

wieder ausgeschieden war, nach ihrer Wahl in den Vorstand am 19.6.1995 die Protokoll- und Schriftführung.[1] Ich wurde in der Gründungssitzung zum ersten Vorsitzenden gewählt, Olaf Tendis zweiter Vorsitzender und Christa Marklin Schatzmeisterin.[2]

Wir begannen die Arbeit als Drahtseilakt mit Absturzrisiko: Regelmäßigen Spendenzusagen von ca. 800 DM monatlich stand am ersten Tag die Verpflichtung gegenüber, rund 62.000 DM Gehalts- und Betriebskosten jährlich aufzubringen.[3] Stefan und Angela, seine Frau, brachten am Anfang glaubensstark selbst ihren Bausparvertrag ein, um die ersten Gehälter zu finanzieren. Wir hielten diese verrückte Spannung aus, weil wir sicher waren und sind, daß Gott dies Glaubenswerk „Missionarische Sozialarbeit" will. Gott hat uns inzwischen siebenundzwanzig Jahre hindurch keinen Tag versetzt. Das benötigte Geld war immer da.

Aber die Obdachlosigkeit drohte uns gleich am Anfang kaum weniger real als vielen unserer Gäste. Schon am Gründungstag heißt es im Gründungsprotokoll unter Punkt 1:

> „Es liegt von der Parkhof Verwaltungs- und Beteiligungsgesellschaft ein Schreiben vor, daß die uns zur Verfügung gestellten Räume nur bis zum 31. Dezember 1994 zur Verfügung stehen, da das Gebäude zum 31.12.1994 verkauft

---

[1] Sie wird am 28.9.1995 als Vorstandsmitglied in das Vereinsregister beim Amtsgericht Kiel VR 449 NM eingetragen.
[2] So Gründungsprotokoll vom 29.6.1994.
[3] Ebd.

werden soll."

Bereits am 22.12.1994 wurde die Nutzungserlaubnis – Gott sei Dank! – zunächst entfristet.[4]

Wir gingen dies Risiko ein in der glaubenden Hoffnung, daß „die Preußen nicht so schnell schießen"; oder richtiger, daß Gott sich nicht einmal dies kleine verkommene Häuslein aus der Hand nehmen läßt. Und Gott hat uns bestätigt. Die Hamburger konnten ihr Projekt nicht durchziehen. Sie gerieten in finanzielle Schwierigkeiten und mußten das Grundstück an einen neuen Investor weitergeben. So gewannen wir Zeit. Das Häuslein diente uns am Ende dreieinhalb Jahre lang als armselige, schwierige, aber gesegnete Herberge.

---

[4]So Schreiben der Parkhofverwaltungs- und Beteiligungsgesellschaft mbH vom 22. Dezember 1994 (Räume im Komplex Kaiserstraße 9) Dort heißt es: „Nach Rücksprache mit dem Erwerber des Geländes können wir Ihnen mitteilen, daß Sie die Räume zunächst weiter nutzen können, allerdings zu der Bedingung, daß das Nutzungsverhältnis unter dem Vorbehalt des jederzeitigen Widerrufs steht. In diesem Falle müßten Sie das Gelände innerhalb kürzester Zeit (ca. 1 Woche räumen). Wir gehen allerdings sehr bestimmt davon aus, daß die Nutzung der Räumlichkeiten in jedem Fall über ‚die kalte Jahreszeit' gesichert ist. Wir rechnen mit dem Abbruch der Gebäude für das Frühjahr 1995."

Geistliche „Flitter-Wochen" in der Kaiserstraße

Stefan Burmeister, unser Gründerdiakon, war bereit, als Kellner in Jesu Nachfolge den Tisch für die Armen zu decken. Jeder Mensch hat für Gott einen unendlichen Wert, und der erschließt sich, wenn ein Mensch Jesus Christus begegnet und nicht ausweicht. Das ist das Zentrum unseres Leitbildes. Das Café Jerusalem, heraus entwickelt aus diesem Leitbild, ist wirklich alternative „Sozialarbeit". Sie ist nicht primär sozialwissenschaftlichen Dogmen und Erkenntnissen verpflichtet, sondern dem Gott, der in der Bibel sein soziales Programm entwickelt und es in der 2000jährigen Caritas- und Diakoniegeschichte entfaltet hat. Darum kann unsere alternative Sozialarbeit nicht regelbasiert geordnete und spezialisierte Dienstleistung sein, die professionell hinter Schreibtischen in effektiv arbeitenden Büros konzipiert und organisiert wird. Auch die ist zweifellos in einer modernen Gesellschaft eine unverzichtbare Aufgabe. Wir brauchen die Sozial-Behörden der Stadt, die Sozialministerien, die Diakonie-Großämter; die verschiedenen Beratungsstellen mit ihrem Fachwissen und ihren Vernetzungen; wir sind dankbar für jede Hilfe, die wir an solchen Stellen erhalten.

Unsere Platzanweisung aber ist anders, durchaus auch offen für das Chaos, aus dem Gott Frieden gestalten kann. Unser Auftrag besteht darin ein Haus anzubieten, in dem Gott und Mensch Gnade und Barmherzigkeit leben können. Wir werden immer wieder wie am Anfang auch Beispiel kreativer riskanter Grenzgänge am Rande der stabilisierenden Ordnung – wir hatten zu Beginn nicht einmal einen Mietvertrag. Auch das ist Ausdruck dessen, daß Christen in dieser Welt „keine bleibende Stadt" besitzen. „Obdachlosigkeit" ist das Risiko des Christen in der irdischen Wirklichkeit. „Wir aber sind Bürger im Himmel..." (Phil 3,20). Gleichwohl wollen wir Menschen vor dem Himmel auf Erden ein lebendiges Zuhause sein. Das ist unser Auftrag. Bei uns sollen die Menschen mit ihrem Namen angeredet werden, und das nicht nur aus höflicher Konvention. Hier gibt es noch den Diakon, der – wenn nötig – dem klassischen Clochard die Haare schneidet. Mit solchen durch Gottes Geist dynamisierten Leitbildfragmenten begannen wir das Café Jerusalem.

Schnell nach der Vereinsgründung hatten wir uns in einem ersten Informationsbrief an alle Freunde, Unterstützer und Begleiter unseres Projektes gewandt.

> „Der Verein ist gegründet... Die Vereinssatzung steht, der Vorgang liegt beim Amtsgericht; der Vorstand ist gewählt... das erste Gehalt für Stefan haben wir zusammen, das zweite ist in Gestalt einer großzügigen Spende angekündigt. Wir danken sehr herzlich allen, die uns mit Geld- und Sachspenden Mut gemacht haben. Wir haben ein Glaubenswerk begonnen und sind gespannt, wie Gott uns führt. Das Haus in der Kaiserstraße 9 sieht inzwischen wunderbar freundlich aus. Meist steht die Tür täglich weit offen.

13

Offiziell öffnen wir am 31. August. Aber schauen
Sie doch einfach mal vorbei, wie es schon viele
taten. Wir glauben, daß Jesus auch im Café Jerusalem Wohnung nimmt."

In der Vorstandssitzung vom 12. Juli 1994 wurde Stefan Burmeister als Diakon und Café-Leiter vom Verein angestellt.
Schon im Sommer 1994 hatte er das kleine, für den baldigen
Abriß bestimmte Haus in der Kaiserstraße, früher eine Bierhalle, von der Hamburger Immobilienfirma übernommen
und zusammen mit dem pensionierten Chemiker Olaf Tendis die Renovierung begonnen. Miete brauchten wir zwar
nicht zu zahlen, hatten aber eben auch keinen Vertrag und
konnten jeden Tag, unseren Obdachlosen gleich, auf die
Straße gesetzt werden. Aber unser Glaube war stark genug,
dies Abenteuer einzugehen.
Stefan Burmeister beschrieb 1996 seinen Anfang in einem
Bericht:

„In dem kleinen, bereits 5 Jahre leer stehenden
Haus nahm Diakon Stefan Burmeister die Arbeit auf. Erdrückend und entmutigend war der
Eindruck, den das Gebäude machte: Eine besu-
delte 2-Zimmerwohnung stand uns zur Verfügung. Spuren häufiger Einbrüche fanden wir –
Spritzen, Utensilien zum Aufkochen von Heroin, Bierdosen u.a. Längst war dieses kleine Haus
in der Kaiserstraße ein verkommener Schlaf-
platz für Wohnungslose. Das WC war verdreckt
und verkotet. Selbst ein Lagerfeuer, das Gott

15

Abbildung 2.1.: WC 1994 vor der Öffnung des Café Jerusalem

Abbildung 2.2.: Café Jerusalem zu Beginn in der Kaiserstraße

sei Dank nicht zum Ausbruch kam, zeugte von den damals ungebetenen Gästen. Genau diese ungebärdigen, heruntergekommenen Menschen wünschten wir uns im Café als herzlich willkommene Gäste. Wir brauchten nicht einzuladen. Menschen, für die wir dieses Angebot errichteten, kamen. Mit der Zeit wurden betroffene Gäste zu Mitarbeitern. Sie nahmen uns einfach die Tassen aus der Hand, wenn sie gut drauf waren, und wir ließen es gerne zu. Bedient zu werden ist etwas anders als zu bedienen. Arbeiten bedeutet Würde, schenkt die Erfahrung, nicht sinnlos zu leben."

Acht Wochen hatte die Renovierung gedauert, am 31. August wurde dieses Gasthaus Jesu Christi festlich eröffnet. In der Presse hieß es „Rund 130 interessierte Menschen waren zur Eröffnung in die Kaiserstraße gekommen, unter ihnen Propst Jürgensen, der Stadtpräsident Helmut Loose, die Abgeordneten der Rathausfraktionen, sowie zahlreiche Vertreter anderer Vereine und Organisationen... Zu Kaffee und Kuchen unter freiem Himmel spielte und sang eine Lobpreisgesangsgruppe aus Hamburg. Die Kindertanzgruppe ‚Joy in Jesus‘ unter Leitung von Wiki Müller führte israelische Tänze vor."

Wir hatten die Vision, die Elenden und Erniedrigten wie „Königskinder" an Gottes Tisch zu bitten, um sie Gottes Liebe sehen und schmecken zu lassen. Es war ein großes Ziel und die alltägliche Realität blieb meist weitaus kleiner, aber das Fest der Versöhnung – Gott und Mensch an einem Tisch vereint – blieb unser Leitbild. Wir wollen Zeugen Gottes sein. Darum nannten wir unser Projekt „Missionarische Sozialarbeit". Gott hat uns ausgesucht, nicht weil wir vor heiliger Veränderungskraft strotzende Renommiermodelle humaner Sozialarbeit waren, sondern weil wir erleben wollten, wie Gott als ein liebender Puzzle-Spieler menschlichen Lebens – das ist Gott in gewisser Weise gewiß auch – Stücke zu sprechenden Bildern zusammenschiebt, und es paßt, und es entsteht Hoffnung, daß es mehr gibt. Wir wußten aus biographischer Erfahrung, daß nur Gott der Sünde gewachsen ist und leider der an sich selbst glaubende Mensch ganz und gar nicht. Gewichtiger als moralisch so einigermaßen gelingendes Leben ist es, sich inklusive der Sünde – vielleicht verzweifelt – in die Hände Gottes zu werfen, der seiner „Natur", seinem Wesen nach barmherzige Liebe ist.

Und dem entsprach das Angebot. Gerhard Burmeister, Stefans Bruder, beschreibt den Anfang, wie er ihn in der Kaiserstraße erlebte:

> „Mit wertigen Becker-Säften, Elektrostrom ohne Ende für Küche und Heizung[5], und jeder, der Hunger hatte, bekam Spagetti mit Soße, am Tag zuvor in großen Töpfen vorbereitet, kalt über der Micro-Welle heiß gemacht, zur Auswahl, entweder rote oder weiße Soße. Weiße Soße, war eine Spezialität von Stefan, Käse-Sahne Soße! Und das reichte, trinken, essen (2 Gerichte gab es), und einen warmen Hintern, alle waren eng gedrängt im Vorraum mit Tresen zur Küche und rechts in der kleinen Aufenthaltsnische die Kombüse. Christen, Gäste und Penner, alle auf'm Haufen."

Exemplarisch für das Leben nach unserem Leitbild war in der Anfangszeit Udo S., der als Alkoholiker auf der Park-

---

[5]Wir lebten völlig unökologisch mit alten zusammengebrachten „Stromfressern"– wir hatten noch nichts Besseres.

bank starb und seinen Gerichts-Prozeß noch vor sich hatte, weil er im Laufe der Zeit die Sozialämter um mehr als 30.000 DM betrogen hatte. Er war allem Versagen zum Trotz eingestiegen in den Frieden, den Christus vom Kreuz herab verströmt. Er aß das Wort, wenn er in Husum auf dem Marktplatz saß, die Bibel auf dem Schoß. Er aß und trank Christus im Abendmahl, wenn er abends in der Anscharkirche einkehrte. Wir wissen nicht wie tief es ging, aber wissen wir das bei uns selbst? Irdisch wurde er kein geheilter Gerechter. Das Verachtete, das Sündige, die Versager hat Gott erwählt. Wunderbares Symbol für das „CJ" ist, daß bei der Beerdigung, dem Fest der Auferstehung, gemeinsam mit anderen Christen ein Amtsrichter, der Udo vielleicht als Fall vor Gericht hätte bearbeiten und verurteilen müssen, die Posaune spielte. Udo ein „Königskind" unterwegs nach Haus! Wir schämen uns des Evangeliums nicht: Das Verachtete hat Gott erwählt.

Es waren begeisterte „Flitterwochen" unserer glaubenden missionarischen Sozialarbeit im Namen Jesu Christi. Begeisterung riß alle mit. Stefan und seine Mitarbeiter aus dem Kreis der Christen servierten „wertige" gesunde Fruchtsäfte, sorgten täglich für warme Speisen, halfen bei der Körperpflege, hörten den verletzten Menschen mit offenem Respekt zu und boten erste Hilfe bei der Lösung ihrer eigentlich unlösbaren Probleme. Wir erlebten kleine Wunder.

Zum Beispiel: Wir hatten einem jungen obdachlosen „Alk" erlaubt, im Café zu schlafen. Vorher hatte er für die Nacht im Parkcenter seine geduldete Schlafnische. Als ich morgens vor der Öffnung ins Café kam, übergab er mir einen 50 DM-Schein. Der Schein war abends oder nachts anonym durch den Briefkastenschlitz gespendet worden. Mich berührte diese Ehrlichkeit dieses armen „Bruders in Christus", der finanziell buchstäblich auf dem letzten Loch pfiff und eine Stunde später fragte, ob wir ihm 10 DM leihen könnten. Er hatte sich wirklich mit Leib und Seele mit dem Café identifiziert und wurde ein treuer, loyaler Mitarbeiter.

Ein Wunder war auch, daß schon bis zum 31. September des laufenden Jahres Spenden in Höhe von 40.324,65 DM auf unserem Konto eingegangen waren. Auf der ersten ordentlichen Mitgliederversammlung hatte die Schatzmeisterin berichtet:„Kontostand ausreichend für die Deckung dreier weiterer Gehälter an den Diakon; es sind Kollekten und größere Einzelspenden eingegangen, die ein gutes Startkapital ergeben; regelmäßige Dauerspenden gibt es in Höhe von z. Zt. DM 1010, – monatlich (Tendenz noch steigend)."[6] Die Presse unterstützte uns.

Am 21. Februar 1995 stellte uns das Finanzamt Kiel-Nord die „Vorläufige Bescheinigung der Mildtätigkeit" aus, die für uns, weil wir von Spenden lebten, lebensnotwendig war. Dieses Recht, Spendenbescheinigungen auszustellen, ist nie

---

[6]Protokoll der Mitgliederversammlung am 8.9.1994.

widerrufen worden und ist bis heute eine Voraussetzung unserer Arbeit.[7]

Natürlich versuchten wir in all das Struktur hinein zu bringen. Stefan Burmeister berichtete vom Café-Alltag:

- „ca. 20 ehrenamtliche Helfer stehen im täglichen Wechseldienst zur Verfügung;

- es können jetzt folgende Öffnungszeiten eingehalten werden: Montag, Dienstag, Mittwoch, Freitag 11.00-18.00 Uhr; Donnerstag 11.00-21.00 Uhr (Lobpreisabend); Sonntag 14.00-19.00 Uhr;

- der Dienst wird jeweils mit Gebet oder Andacht begonnen;

- ein Dienstplan existiert; er liegt im Café aus.

Weiter wird festgelegt, daß Hunde aus hygienischen Gründen nicht ins Café hinein genommen werden dürfen. Im Bewußtsein, daß wir in mancher Hinsicht grenzwertig arbeiten, sucht Stefan Burmeister mit der Bitte um vorübergehendes Verständnis das Gespräch mit dem Gesundheits- und dem Ordnungsamt. Alkoholverzehr im Café ist untersagt.[8]

Das Protokoll der Mitgliederversammlung vom 8. Dezember faßt den Arbeitsbericht des Diakons im „CJ" in seinem ersten Vierteljahr knapp, ermutigend und realistisch so zusammen:

---

[7]Nr. 4034-III-5/12.
[8]Ebd.

„Alkoholabhängige sind in Zusammenarbeit mit P. Weingärtner zur Langzeittherapie nach Rickling gekommen. 20-25 Mittagessen werden täglich ausgegeben. Es finden eine Fülle von Gesprächen statt. Beratung und Begleitung werden ein wesentlicher Bereich der Arbeit. Das Ehepaar K. hat den Gedanken der Hamburger Tafel aufgegriffen und mit dem Café Jerusalem verbunden. Die Räume erweisen sich bereits – vor allem im Küchenbereich und in der Kombination von Gesprächszimmer und Küche – als unzureichend klein. Die Donnerstagsandachten werden von Mitarbeitern und Gästen als wichtiges Fundament der Arbeit gesehen und angenommen.

Schwierigkeiten ergeben sich im Café Alltag aus verschiedenen Prägungen und Erwartungen der ehrenamtlichen Mitarbeiter. Hier ist ein ständiger Austausch über Erfahrungen mit den Gästen und deren Erfahrungen erforderlich. Die Vereinsmitglieder sind sich einig, daß hier ein offener Lernprozess angestoßen werden soll, der nicht von vornherein zu reglementieren ist."

Schritte, Versuche und Erfahrungen

Die erste Freizeit für Mitarbeiter und Gäste fand mit 25 Teilnehmern am Stocksee statt. Sie diente der geistlichen Vertiefung, der Arbeit an Konflikten und der Stärkung menschlicher Beziehungen in entspannter Atmosphäre, die von der Bereitschaft zu verstehen leben.

Um es den Gliedern der Gemeinden leichter zu machen, sich zu engagieren, wurden Listen erstellt, welche die breitgefächerten Aufgaben- und Arbeitsbereiche im Verein detailliert und um Mitarbeit werbend beschreiben. Sie sollten in den Gemeinden verteilt werden.

Wir nahmen im Alltag beunruhigend wahr, daß die zu uns kommenden Drogensüchtigen die Café-Arbeit gefährden könnten, nicht zuletzt, weil sie sogar im Café versuchten, mit Drogen zu handeln. Das galt es möglichst zu verhindern. Wir wünschten uns häufige Besuche der Polizei.

Am 14.2.1996 komplettierten wir unsere Mitgliedschaft durch die Wahl von Pastor Carsten Pusch von der Ev. Freikirchlichen Gemeinde, den „Baptisten".[9] Damit hatten wir eine weitere Brücke gebaut, und das festigte die Resonanz in den Gemeinden der Ev. Allianz.

Im April hielten wir knapp und realistisch fest: „Innerlich halten sich Entmutigung und Ermutigung auf der menschlichen Ebene die Waage. Jesus steht für den Mehrwert der Liebe, die sich nicht entmutigen läßt. Heute hatten wir ein wunderschönes frisches Baby, das im Kreis unserer Gäste geboren wurde. Wir brauchen mehr belastbare Christen, die ihr Charisma für die Armen entdecken."[10]

---

[9]Protokoll der Mitgliederversammlung vom 14.2.1996.
[10]Einladung zur Mitgliederversammlung am 20.4.1996.

Wir fanden bemerkenswerte Förderer auch außerhalb unserer Gemeinden, wie zum Beispiel den aus Ungarn stammenden Kieler Chemieprofessor Dr. Lászzió Béress, der bei uns im Café seinen Geburtstag in sehr bunter Runde feierte und selbst eine vorzügliche Gulaschsuppe gekocht hatte. Wir vom Café und unsere Gäste vom Rande der Gesellschaft waren selbstverständlich eingeladen und begrüßten ihn so:

„Herzlichen Dank für die Einladung zum Geburtstag. Es ist ein Geschenk, das Sie, Herr Professor, uns machen. Wir gratulieren Ihnen und wünschen Ihnen Gottes Segen für alle Bereiche Ihres Lebens. Wir begrüßen Sie hier im Häuslein Christi und der Armen, wo wir freundlich geduldet sind. Wir begrüßen Ihre Geburtstagsgäste: Sie kommen von den Hecken und Zäunen dieser Welt mit sehr verschiedenartigen Lebensentwürfen und Biographien, aber gemeinsam alles Menschen von Gott gewollt und gesucht; die Obdachlosen und Suchtkranken, die aus Wissenschaft und Kultur oder aus Politik und Wirtschaft.
Vor mehr als eineinhalb Jahren hatten wir eine Vision. Sie verdichtete sich im Namen Jerusalem. Jerusalem ist in der Bibel eine Stadt des Asyls. In Asylstädte flüchteten Menschen, die schuldig oder verzweifelt waren; Menschen, die in ihrer Angst keine Luft zum Atmen mehr hatten. Asylstädte boten Menschen Raum zum Leben und

Luft zum Atmen.

Jerusalem wird auch bezeichnet als Stadt, wo man zusammenkommen und sich begegnen soll. Hier treffen sich Menschen, um Gott zu feiern, Mut zu gewinnen, Orientierung zu erfahren und voneinander zu hören.

Jerusalem ist in der Offenbarung des Johannes, dem letzten Buch der Bibel, Symbol für den Raum, wo Gott bei den Menschen zeltet in der Leichtigkeit des liebenden Seins gleichsam, aber vor allem mit der Kraft, wie eine Mutter alle Tränen von den Augen der Weinenden abzuwischen. Dort sind – im Bild gesprochen – Gott und Mensch an einem Tisch vereint, und der Mensch ist nicht länger des Menschen Feind, sondern alle geeint in der versöhnenden Liebe Gottes.

Es gibt Bilder, in denen diese Zukunft auf Erden im Versuch vorweggenommen wird. Mir kommt in den Sinn das Bild der deutschen Kaiserin, die mit 8 Pferdegespannen vor dem Prunkwagen und großem Gefolge in Berlin zur Einweihung die erste Arbeiterkolonie besucht, die Friedrich von Bodelschwingh, der „Vater der Barmherzigkeit", gegründet hat. Es ist ein märchenhaftes, ein majestätisches Bild. Die Kaiserin setzt sich an einen Tisch mit den Obdachlosen, den Arbeitslosen, den Alkoholikern, um mit ihnen als Mensch Gottes mit Gottes Menschen zu essen und zu trinken. Und die Armen sitzen bei

ihr geehrt in der ersten Reihe, und der beglei-
tende Hofstaat, wenn ich es richtig erinnere, im
zweiten Glied.

Wir hatten zusätzlich zur Vision den Glauben
gemeinsam mit Christen in der Stadt und darüber hinaus; wir vertrauten darauf, daß Gott uns
durch Menschen gibt, was wir brauchen: Das
Gehalt für unseren Diakon, den Raum zur Ge-
staltung, das Geld für Strom und Heizung, das
Essen für die Armen.

Wir hatten in Stefan Burmeister den richtigen
Mann, dem Gott die Liebe zu den Armen gab,
und die Dynamik, den Armen Raum und Brot
zu schaffen, und den Glauben, ohne den Menschen nicht leben können und schließlich auch
den Mut, Menschen Fehler machen zu lassen.

Wir haben viele Freunde gefunden unter Christen und solchen, die nicht wissen, ob sie
glauben. Herr Professor, wir danken Ihnen für
das Geschenk, das Sie uns mit Ihrer Gulasch-
Geburtstagsparty gemacht haben.

Ich habe Ihnen zum Geburtstag einen kleinen Keramikteller aus Tabgar am See Geneza-
reth mitgebracht. Er zeigt das Fußbodenmosa-
ik aus byzantinischer Zeit in der Kirche, wo Jesus mit zwei Fischen und 5 Broten 5000 Menschen sättigte.[11] Zwölf Körbe waren übrig, weil

---

[11] Mk 6,35ff.

Gott im Überfluß hat, wo Menschen im Vertrau-
en auf ihn zu teilen wagen. Diese Menschen hatten Hunger nach Brot, aber auch Hunger nach
der Liebe Gottes.
     Gott segne Sie."

Am Ende des Jahres 1996 saßen wir immer noch ohne
vertraglich gesicherte Bleibe und besaßen inzwischen für
den Ankauf eines Hauses rund 75.000 DM – nicht mehr
als ein Tropfen auf einen heißen Stein. Prof. Béress hatte
versucht Bewegung in die Stagnation zu bringen, indem
er im Zusammenhang mit dem Auftritt von Otto Waalke
am 27.4.1996 in der Holstenhalle und seiner Geburtstags-
Gulaschparty bei uns eine „Ottifanten-Tombola" zündete.
Zu seinem Geburtstag hatte er als Ehrengäste sowohl die
Ministerpräsidentin Heide Simonis wie Otto Waalke eingeladen. Beide entschuldigten sich. Die Ministerpräsidentin hatte ihm aber ihr Schleswig-Holstein-Buch zum Verstei-
gern geschickt, und das brachte 2.400 DM Gewinn. Und die
Tombola brachte zusätzlich etwa 8.700 DM.[12] Das war nicht
genug, aber Prof. Béress ließ nicht locker.
     Er dankte der Ministerpräsidentin und schrieb mit Witz
einen Bittbrief, dem er einen Stapel Einzahlungsscheine für
die Tombola zum Verteilen an ihre Beamten beifügte, aber
leider hatte der Professor die Ministerpräsidentin offenbar
wieder überfordert. Ziel seiner fantasievollen Bemühungen
war, unsere armen Gäste mit 1 Million DM für ein wunderbares Haus zu beglücken. Nein, Gott wollte uns offenbar

---

[12] Protokoll der Mitgliederversammlung vom 4.4.1996.

nicht mit Hochgeschwindigkeit im Luxus-Sonderzug zum erträumten Haus befördern. Gleichwohl wurden wir im Haushaltsjahr 1996 so großzügig mit Spenden beschenkt, daß wir am Ende wenigstens 100.000 DM in eine Rücklage für den Ankauf eines Hauses überführen konnten.[13]

Gott wollte uns offenbar bescheidener, weil unser Glaube längst nicht ausreichte, um den Himmel wirklich zu stürmen und zu besetzen. Er wollte uns offenbar die Zukunft seiner Initiative in visionärer Himmels-Qualität nicht so bequem und menschlichen Wünschen entsprechend in den Schoß fallen lassen. Ja, wir sollten offenbar lernen, uns über die Jesus so kostbaren „zwei Scherflein der armen Witwe"[14] zu freuen. So hatte es Friedrich von Bodelschwingh im 19. Jh. gemacht, und Bethel, die von ihm angestoßene Liebes-Arbeit aus Glauben, wurde groß durch Pfennige und lebt immer noch bei Bielefeld. Das Gottesgeschenk ihrer Ausstrahlung war in der Nazizeit immer noch so zwingend, daß selbst Hitler nicht wagte, Bethels Geisteskranke in sein mordendes Euthanasieprogramm hineinzureißen.

Unter Stefan Burmeisters dynamischer Regie hatte unser Café insgesamt einen hinreißenden Aufschwung genommen. Wie wohlwollend in der Öffentlichkeit unsere Arbeit aufgenommen wurde, demonstriert die Bereitwilligkeit des Holsteinischen Couriers kostenlos eine Todesanzeige aufzu-

---

[13]Protokoll der Mitgliederversammlung vom 18.1.1997.
[14]Lk 12,41-44

nehmen, mit der wir als Familie Gottes eines unserer ver-
storbenen Gäste gedachten:

„Gott sieht auf den Elenden
und auf den der zerbrochenen Geistes ist" Jes. 66,2
Wir trauern um Erwin Kähler, dem Gott 61 Jahre schenkte.
Er war ein Original
mit einem enttäuschten großzügigen Herzen.
Abschiedsgottesdienst in Kiel-Elmschenhagen
am Freitag, dem 4. 10., um 10.30 Uhr
Cafe Jerusalem
Diakon Stefan Burmeister Pastor Dr. Dieter Müller"

Solche Anzeige beim Tod völlig vereinsamter Menschen
ohne teilnehmende Angehörige zeigt, wie bei uns aus dem
Geist Jesu Christi Familie von Brüdern und Schwestern
wuchs.

Bereits im Oktober 1996 zeigte sich dann allerdings
bereits viel zu früh die übersehene Kehrseite dieser Entwicklung: nämlich die beunruhigende Erschöpfung unseres
Leiters, der zwei Jahre lang Ideen sprühender, das Letzte
aus sich herausholender Motor eines rasanten Wachstums
gewesen war. Er war nahezu ausgebrannt. Stefan Burmeister hatte inzwischen so viele Überstunden gesammelt,
daß eine sechswöchige Beurlaubung zur Erholung zwingend und gerechtfertigt war. Der Vorstand genehmigte
einen sechswöchigen Erholungsurlaub. Es wurde uns klar,
daß wir dringend zu seiner Entlastung einen weiteren

verläßlichen Mitarbeiter in der Café-Leitung benötigten. Wir suchten einen entschiedenen Christen mit verläßlicher Stabilität und sozialpädagogischer Kompetenz.

Wir hatten in „Idea"[15] inseriert, weil wir einen mit unserem Leitbild kompatiblen Mitarbeiter brauchten, und sieben Bewerbungen erhalten. Darunter O. B., der in Kanada unter Indianern als Missionar gearbeitet hatte. Drei, wie uns schien, kompetente Referenzen sprachen für ihn. Auch wirkte gewinnend, daß seine Frau schon in Brasilien unter Straßenkindern gearbeitet hatte. Die Mitgliederversammlung des „CJ" entschied sich am 18.1.1997 einstimmig dafür, O. B. als Leiter des speziellen Café-Bereichs einzustellen. Im Protokoll heißt es:

> „Von den Berwerbern erweist sich der Kandidat O. B.[16] als besonders geeignet. Er gibt nochmals einen kurzen Lebenslauf und stellt sich mit seiner Frau den diversen Fragen der Mitglieder. Herr B. wird einstimmig… als neuer Mitarbeiter gewählt im Café-Bereich."

In derselben Sitzung wurde Prediger Klaus Matthiesen von der Landeskirchlichen Gemeinschaft in den Verein gewählt, nachdem das Gründungsmitglied Prediger Otto-Erich Juhler Neumünster verlassen hatte, um in der Pfalz

---

[15] „Idea" ist der geschätzte und viel genutzte Pressedienst der in der Allianz verbundenen evangelischen Christen deutscher Sprache.

[16] Im Protokoll steht der vollständige Name.

die leitende Inspektorenstelle des Evangelischen Gemein-
schaftsverbandes Pfalz zu übernehmen.

Zum 1. Februar 1997 stellte der Verein den Bibelschul-
absolventen O. B. als Leiter des Arbeitsbereichs Café ein,
um Stefan Burmeister als Leiter der Gesamteinrichtung
zu entlasten. Damit schien eine nicht zu verantworten-
de Situation bewältigt. Eine einmalige Zuwendung aus
staatlichen Mitteln hatte uns die Ausschreibung der Stelle
erleichtert. Aber es zeigte sich schon bald im Café-Alltag,
daß es ihm an der inneren Stabilität und vor allem der
Durchsetzungsfähigkeit gebrach, um den „ungebärdigen,
heruntergekommenen Menschen" gewachsen zu sein, die
wir uns – wie Stefan es ausgedrückt hatte – „im Café als
herzlich willkommene Gäste" wünschten. Wir hatten uns
verwählt. Wodurch hatten wir uns blenden lassen? Schon
am 14.8. desselben Jahres wurde dem Vorstand klar, daß
O.B. uns nicht wirklich helfen konnte, und wir uns trennen
mußten.[17] Auch das war auf beiden Seiten ein schmerzli-
cher, das Gewissen belastender Prozeß. O. B. war immerhin
erwartungsvoll mit Familie nach Neumünster gezogen. Wir
hatten auf ihn gehofft, und wir sind einander nicht gerecht
geworden. Auch Christen sind fehlerhafte Menschen, die
dem Angriff der Sünde von innen und außen ausgesetzt
sind und versagen.

Am 16.8.1997 wurde in der Mitgliederversammlung die

---

[17]PV vom 14.8.1997.

anfechtende notvolle, aber auch Hoffnungszeichen setzende Situation des „CJ" wie folgt zusammengefaßt:

- Stefan Burmeister ist noch immer nicht entlastet. O. B. ist ausgefallen. An belastbaren Christen, die hier in den geistlichen Kampf einsteigen, fehlt es nach wie vor."
- Die Raum-Situation des „CJ" bleibt bedrohlich ungeklärt. Kaum erträglich ist die Enge des Cafés: 70 Essen täglich bei brütender Sommerhitze in allzu engem Raum.
- Dr. Müller berichtet vom „Geschützten Wohnen" im Dähmlow-Gebäude. Nach wie vor gewähren wir dort zu beidseitigem Gewinn obdachlosen Gästen und Mitarbeitern schlichten Wohn- und Schlafraum.
- Die Arbeit des Café Jerusalem ist in der Stadt und auch über den Kreis der Christen hinaus angesehen. Das erweist sich im Kontakt zu Behörden, Gruppen und Verbänden, sowie an Spenden und Zuwendungen.
- Finanziell besteht zwar keine Not, aber vielleicht müssen wir die Haus-Rücklage für den laufenden Betrieb antasten, denn die Spenden sind leicht rückläufig.
- Wir erleben wenig Bekehrungen im strikten Sinne. Aber Jesus wird zerstörten und verletzten Menschen nahe gebracht, und sie haben im Café Jerusalem ein christliches Zuhause gefunden. Darin kann Gott sprechen.

Und der Druck steigt. Am 31.12.1997 droht uns die völlige Obdachlosigkeit. Wir haben sowohl das Café wie das Möbellager zu räumen. Es wird wirklich ernst. Die Hamburger Rechtsanwälte Henningsmeier teilen uns am 6.11.1997 den Konkurs unserer Hamburger Gönner mit. Wir hatten sie noch einmal um Verlängerung gebeten:

> Sehr geehrter Herr Dr. Müller, vielen Dank für Ihr Schreiben vom 29. Oktober 1997. Ich möchte Sie darüber in Kenntnis setzen, daß die Immobilie zwischenzeitlich zum Übergabestichtag 31. Dezember 1997 veräußert wurde. Aus dem Kaufvertrag geht hervor, daß sich der Verkäufer verpflichtet, den Gegenstand frei von Nutzungsverhältnissen Dritter zu übertragen. Wir müssen daher bedauerlicherweise Ihre Anfrage, ob eine Nutzung über den 31.12.1997 möglich ist, abschlägig bescheiden. Wir müssen darauf bestehen – um uns selber vertragskonform zu verhalten –, daß die Flächen bis zum 31.12.1997 geräumt werden und daß das Nutzungsverhältnis tatsächlich zu diesem Zeitpunkt beendet wird."

So war es festgelegt, wir hatten versprochen, solchen Forderungen zu entsprechen und uns in der uns geneigten Öffentlichkeit aller zweifellos möglichen Kampagnen zu enthalten. Das galt für uns. Wir standen wieder vor dem Nichts. Aber wieder flackerte im Dunkel ein Licht. Am 28.11.1997 wird ins Protokoll aufgenommen: „Gespräche mit Herrn Ulrich W. zeigten seine Bereitwilligkeit der Hilfe. Der Café-

Betrieb kann bis ca. April/Mai 98 weitergehen. Das Möbellager jedoch muß zum neuen Jahr geräumt werden."[18] Ulrich W. war der neue Investor.

Schon vorher war es nämlich erneut zu einer spannenden Erfahrung gekommen. Als wir eines morgens das Café in der Kaiserstraße öffneten, stand in der Schlange der schon Wartenden ein Mann, der herausstach. Es war „Ulli" W. der neue Investor des Sagergeländes, der sich selbst einen Eindruck von den Gästen seines frisch übernommenen Eigentums verschaffen wollte. Er nahm im Café am Frühstück und Mittagsmahl teil und suchte das Gespräch mit unseren Brüdern und Schwestern vom Rand der Gesellschaft. Und es war eine gelungene Begegnung. Vielleicht hat – Gott weiß es – auch das die Hilfsbereitschaft ausgelöst, uns nach der Kündigungsfrist noch ein gutes Vierteljahr für den Übergang 1998 zu schenken.

Am 28.11.1997 nahmen wir Dechant Haneklaus, Pfarrer der katholischen St. Maria-St. Vicelin Gemeinde, in den Verein auf. Damit war ein wichtiger ökumenischer Brückenschlag gelungen.[19] Durch den katholischen Priester wurde unserem evangelischen Verein ein wesentlicher Teil des katholischen Neumünster geöffnet.

Am 17.12.97 fand zum letzten Mal im inzwischen vertrauten Dähmlow-Möbellager ein Weihnachts-Grünkohlessen statt. Ein Abschied.

---

[18]Protokoll der Mitgliederversammlung vom 28.11.1997.
[19]Protokoll der Mitgliederversammlung vom 28.11.1997.

Zu Weihnachten 1997 konnten wir aller Anfechtung zum Trotz zusammenfassend voll Dankbarkeit feststellen: Wieder sind wir gut durch das Jahr gekommen. Die Haushalts-Bilanz und die Statistiken stimmten. Rund 24.000 Mahlzeiten reichten wir im Jahr an Gäste. 10 staatlich finanzierte Arbeitsplätze konnten wir organisieren und das unter schwierigsten Bedingungen. 30 Menschen bekamen zusätzlich zur Sozialhilfe vom Sozialamt für ihre wohltuende Arbeit bei uns je Stunde 2 DM.

Natürlich kann man Arbeit am Menschen nur oberflächlich statistisch erfassen. Wer kann berechnen, was es bedeutet, wenn der junge Mann, der enttäuscht, verbittert, aggressiv im Café Jerusalem ankam, nachdem er aus 15 Heimen und Beratungen immer wieder geflohen war, hier eine Gemeinschaft gefunden hat, in der er sich entspannt, weil er fühlt: Hier bin ich angenommen, ohne daß Menschen an mir „herummachen" wollen?

Wie will man messen, was es bedeutet, wenn zwei junge Menschen, die gerade von den Drogen herunter kommen und bei uns vorübergehend – in der an Christus gebundenen Illegalität einen Schutzraum gefunden haben – den voll abgefüllten Alkoholkranken aufnehmen und ihm liebevoll das Bett machen? Wie will man bewerten, was es bedeutet, wenn wir einen jungen Mann, den wieder ein Stück unbereinigter Vergangenheit einholt, davor bewahren, ausgerechnet zu Weihnachten in den „Knast" zu müssen?

In all dem balancierten wir auf dem Drahtseil – immer

absturzgefährdet und selbst von Obdachlosigkeit bedroht
– aber gehalten durch die Hand, die im Dunkel uns führt.
Über all dem steht der Name Jesus, der das Licht der Welt
ist. Und Jerusalem ist seine Stadt; mobiler Stadtteil von Jerusalem ist sein Café in Neumünster.

Würde durch Arbeit

Arbeit durch Gebrauchtmöbel

Schon im Oktober 1995 erkannten wir sehr klar, wie wichtig es ist, den verletzten, gebrochenen und oft gedemütig-
ten Menschen, die zu uns kommen, wieder zu Arbeit und
der mit Arbeit oft gegebenen Anerkennung und Würde-
Erfahrung zu helfen.

Würde, die aus der Liebe stammt

Diese Würde durch Arbeit bleibt indes immer defizitär.
Sie ist Würde im Vorletzten, die sich auf Erden von den
Zwängen der Leistungskategorien mit ihrem Oben und
Unten und irgendwo dazwischen nie völlig befreien kann.
Der Mensch ist irdisch und lebt in den Grenzen, die sein
Ich ihm zieht. Nur Gott lebt und liebt grenzenlos, denn
er muß den Tod nicht fürchten. Auch das Café Jerusalem
erfuhr diese Zwänge alltäglich. Aber sein Auftrag kam

von Gott und nicht aus grundsätzlich begrenzten menschlichen Einsichten und sozialwissenschaftlichen Analysen. Nach unserer Überzeugung ist Würde nicht menschlich definiertes Konstrukt, sondern Geschenk der Liebe Gottes. Und darum zählt nach der Café-Jerusalem-Vision nicht meßbare Leistung, sondern Dienst an der Liebe, die Gott definiert, schenkt und sucht. Wer etwa im Namen des „CJ" die Wohnung Verstorbener für Hinterbliebene, denen die Kraft fehlt, ausräumt, leistet zweifellos etwas Hilfreiches. Und wenn die Leistung bezahlt oder durch eine Spende bedankt wird, ist das im Vorletzten dieser Welt gerecht. Gewichtiger in der Ökonomie Gottes, die im Letzten zählt, ist jedoch nicht der Geldwert der Leistung, sondern das Liebesgewicht der dienenden Tat. Und darin könnte der Analphabet aus dem Möbellager des „CJ" dem CEO eines Weltunternehmens, der Hunderttausenden Arbeit organisiert, vielleicht sogar lichtjahreweit überlegen sein. Das zu leben und zu vermitteln ist missionarische Sozialarbeit in Gottes und unserer Sicht. Das „CJ" soll – gewiß in aller Schwäche – nicht Zeuge der Leistungswirtschaft, sondern der Gnaden-Ökonomie sein. Meister sind auch wir darin noch nicht geworden, aber wir sind ABC-Schützen, die begonnen haben.

Eine mit unseren Mitteln recht leicht zu realisierende Lösung zeigte sich darin, Arbeit auf einem Umschlagplatz für gebrauchte Möbel, Haushaltsgegenstände und Kleidung zu schaffen. Wir konnten Menschen Hilfe bieten bei Wohnungsauflösungen und Entrümpelungen. Brauchbare preisgegebene, oft sogar gut brauchbare Gegenstände konnten wir großzügig Bedürftigen vermitteln: Hilfe auf Gegenseitigkeit also. Zu bedenken war allerdings, daß der Internationale Bund (IB), das Berufsbildungswerk Neumünster bereits in Kooperation mit der Stadt ein Möbellager unterhielt und eine Konkurrenzsituation vermieden werden mußte. Stefan Burmeister suchte Befürchtungen auf Seiten des IB mit Hinweisen auf unsere geringe Größe zu zerstreuen: „Unsere Aktivitäten in dieser Hinsicht haben nach wie vor einen geringen Umfang. Immer noch sind wir gezwungen, Gegenstände mit einem Privat-Pkw und einem geliehenen Anhänger abzuholen."[20].

Das Möbellager in der Kaiserstraße 11-13

Und wieder hatte sich schon 1995 eine hervorragend passende Gelegenheit geboten: Das alte Eisenwarengeschäft von Dähmlow, wenige Schritte entfernt in der Kaiserstraße 11-13, mit aufgegebenen Geschäftsräumen, großen Schaufenstern und Lagerräumen stand leer. Auch ein Abrißhaus, und ebenfalls im Besitz der Hamburger Immobilienfirma. Und wieder die spannende Frage: Ist es zu verantworten? Wie lange wird es gut gehen? Wir entschlossen uns auch hier im Vertrauen auf Gott, das Abenteuer einzugehen. Und erneut erhielt Stefan Burmeister, der begnadete „Bettler Gottes", die Nutzungserlaubnis von den Hamburgern und

---

[20]Siehe Schreiben des IB an uns vom 31. Oktober 1995 und Schreiben Müller an den IB vom 5.4.1996.

wieder auf Zeit unter der für uns schon vertrauten riskanten Bedingung, das Gebäude fristlos zu räumen, sobald dies in der Sicht des Eigentümers notwendig sein werde.[21] Auch hier griffen wir vertrauend zu. Abenteuer des Glaubens!

Ermutigend war, daß aus unserem Umkreis sich uns mit Dieter Sell, einem erfahrenen Schiffsoffizier mit „Kapitänspatent auf Große Fahrt" und Ingenieur-Diplom, ein rüstiger Pensionär als hervorragender Leiter zur Verfügung stellte. Seine Frau gehörte schon zu unseren ehrenamtlichen Mitarbeiterinnen der ersten Stunde. Auch er wollte sich ehrenamtlich betätigen und übernahm für den Anfang die Leitung des Möbellagers, stellte zunächst notdürftig die Heizung, Wasser- und Stromversorgung wieder her und schuf eine verläßliche Organisationsstruktur. An Möbeln, Hausgerät und Kleidung fehlte es nicht. Im Protokoll des Vorstands vom 11.10.1996 heißt es: „Das Möbellager ist durch Dieter Sell in einen erstklassigen Zustand gebracht worden. Es bietet wieder ein Schaufenster.

- Es sind Toiletten und Wasseranschlüsse eingebaut worden.
- Die Altlasten sind weitgehend beseitigt.

---

[21]So Schreiben der Parkhof Verwaltungs- und Beteiligungsgesellschaft mbH vom 15.6.1995. Dort heißt es: „... wir sind mit der Nutzung der ehemaligen Dähmlow-Hallen oder des Verwaltungsgebäudes einverstanden unter der Voraussetzung, daß Sie sich zur Räumung innerhalb von einer Woche auf erstes Anfordern verpflichten."

- In den vorzüglichen, trockenen Kellerräumen wird Werkraum geschaffen.
- Es wird eine Lehrküche eingerichtet. Im Haus ist Raum für Arbeit mit Müttern und Kindern. Es könnte beispielsweise auch eine Schularbeitenhilfe eingerichtet werden. Dieter Sell hat bereits Gespräche mit Lehrern aufgenommen."

In diesen großzügigen Räumen konnten wir noch im selben Jahr als Café-Gemeinschaft mit unseren Gästen ein herrliches Weihnachtsfest feiern mit einem perfekten Grünkohlgericht, das „Kojak", einer unserer Gäste, nach meiner Erinnerung von Beruf Schlachter, gekocht hatte.

Hier begann dann auch die Idee des betreuten Wohnens, die Andreas Böhm Jahre später in der Hoffnung auf ein Lebenshaus aufnahm. Drei unserer Gäste und Mitarbeiter übernachteten und wohnten im Möbellager, und das war auch für den Verein günstig, weil dadurch Einbrüche verhindert wurden. Wolfgang G., einer der drei, fand sogar Raum, Kindheitsträume zu verwirklichen. Es gab Platz für den großzügigen Aufbau einer elektrischen Eisenbahn, an der er gemeinsam mit manchen von uns Freude hatte. Es ging mitmenschlich zu im Verein. So war das Möbellager entstanden. Hier „gammelten" unsere Gäste nicht, sie investierten ihre Zeit in sinnvolle Projekte. Sie leisteten Hilfe, bei Haushaltsauflösungen oder bei Umzügen. Diese Hilfe weitete sich sogar international bis nach Polen und in die „Dritte Welt" aus, wohin wir Kleidung vermittelten: Arme helfen

Abbildung 2.3.: Möbelkammer in der Kaiserstraße 11-13

Armen.

Schnell fanden sich bei den Mitarbeiterbesprechungen des CJ rund 30 Mitarbeiter ein, die zuhörten, wenn Stefan im Namen Gottes Lebenshilfe und Empfehlungen für die gemeinsame Arbeit bot, und sie erlebten, daß man ihnen zuhörte, wenn sie Ideen entwickelten. Hier konnte man gestalten, was Sinn machte, ohne daß es in die Schemata gepreßt werden mußte, die sich im normalen Gewinn orientierten Wirtschaften und in der Leistungsgesellschaft herausgebildet haben und die den Schwachen am Ende doch gnadenlos ins Abseits stellen.

Das Möbellager in der Altonaer Straße

Gleichzeitig mit dem winzigen Café hatten wir das Möbellager in der Kaiserstraße verloren. Auch hier waren wir auf der Suche. Es zeigten sich Möglichkeiten: Z.B. in den Kellergewölben der ehemaligen Holstenbrauerei, wo wir 1700 qm zu günstigen Kosten hätten gewinnen können. Sogar den Turm hätten wir nutzen dürfen. Die Miete sollte einschließlich der Nebenkosten 2,43 je qm betragen. Der Umzug hätte sofort erfolgen können, und uns wäre das erste halbe Jahr kostenfrei gewährt worden. Allerdings war keine Heizung vorhanden, und der Fahrstuhl hätte auf Vereinskosten TÜV-gerecht überholt werden müssen.[22] Es gab zwei oder drei weitere Objekte, die aber alle nicht wirklich unseren Bedürfnissen entsprachen.

Am 1.4.1998 haben wir, nachdem wir die Räume in der Kaiserstraße verloren hatten, in der Altonaer Straße für das Möbellager ein unseren Bedürfnissen entsprechendes Raumangebot für „Sozial-Verkauf" und Lager gemietet.[23] Es hatte ebenfalls Schaufenster, die – gut dekoriert – werbend Aufmerksamkeit erregen und Flanierende in den „Laden" einladen konnten. Dort verfügten wir über 1.000 qm.
Dies Möbellager lag günstig und wieder recht zentral. Es befand sich neben der „Melone" und gegenüber der Reichshalle. Zunächst war auch dies Gebäude noch mehr Baustelle als Laden. Einiges war zu tun, aber gerade das bot Arbeit für

---

[22]Protokoll der Mitgliederversammlung vom 26.1.1998
[23]Protokoll Vorstandssitzung vom 14.4.1998.

einen Teil unserer Leute. Wir waren dort am Rande der Innenstadt und hatten für Werbung ein Schaufenster für vorüber gehendes Publikum, das sich bisweilen verlocken ließ
einzuschauen. Auf diesen 1.000 qm konnten wir auch das
Kleiderlager neben dem Möbelgeschäft betreiben. Hier hatten wir 1998 wechselnd dreißig[24] bis fünfzig Menschen in
unterschiedlichen arbeitsrechtlichen Verhältnissen beschäftigt.[25] Sie schleppten die Möbel; sie fuhren den Lieferwa-
gen, holten und lieferten die Möbel, stellten sie auf und rich-
teten sie her; sie sorgten dafür, daß unsere Verkaufsräume
ansehnlicher wurden. Von Anfang an allerdings schwelten
in dieser Arbeitsbeschaffungsmaßnahme Probleme, die uns
zu schaffen machten. Nicht selten traten dort nämlich unter
den Mitarbeitern Störungen in der gemeinsamen Arbeit aufgrund ihrer verschiedenartigen Defizite auf. Der bei uns gegebene sozialpädagogische Betreuungsschlüssel reichte bei
den Zahlen der zu betreuenden Mitarbeiter mit diversen
Defiziten ganz und gar nicht aus. Die direkte Möbellagerlei-
tung mit unzureichender sozialpädagogischer Kompetenz,
uns selber als „Maßnahme" vom Amt finanziert und zuge-
wiesen, bedurfte dringend einer verstärkenden Entlastung
durch Leitungspersönlichkeiten, die fähig waren, das Möbellager gemeinsam mit Stefan Burmeister im Geiste unseres Leitbildes zu formieren. Hier wirkte die geistliche Kraft,
die vom Verein formend ausgehen sollte, allzu schwach,

---

[24]Vgl. Protokoll der Mitgliederversammlung vom 6.2.1998.
[25]1999 waren es rund 56. So Protokoll des Vorstands vom 3.6.1999. Genaue
    Zahlen habe ich nicht zusammenstellen können. Hier gab es schnelle
    Wechsel durch Zu- und Abgänge.

Abbildung 2.4.: Das neue Möbellager in der Altonaer Straße

und das Möbellager drohte ein sich der Kontrolle entziehendes Eigenleben zu entwickeln.

Arbeit durch die Straßenzeitung – Teil I

Im Dezember 1995 schon erschien die erste Ausgabe unserer Straßenzeitung, die „Jerusalëmmer". Es war die erste Straßenzeitung in Schleswig-Holstein – noch vor der Kieler „HEMPELS". Sie wurde produziert von Gästen des Café, die Lust dazu verspürten, also ohne Ansätze von Professionalität, dafür aber bis in Stil und Sprache hinein authentisch. Indem wir Gästen unseres Cafés einen „Journalistenstuhl" schufen, zeigten wir ihnen auch so sehr erfahrbar, daß wir sie wert achten und ihre Würde als kreative „Menschen aus Gottes guter Schöpferwerkstatt" respektieren. Presserechtlich blieben unsere „Journalisten" allerdings Problemkinder und bedurften der korrigierenden Hilfe. Es galt zu lernen. Wieweit durften sie ihren Aggressionen verbal Ausdruck verleihen? Wieweit Anderen auf die Füße treten, ohne zu beleidigen? Wieviel politische Neutralität hatten sie zu wahren? Auch hier lebten wir die Spannung zwischen Freiheit zur kreativen selbstbestimmten Meinung und und ihrem Mißbrauch. Zweifellos bleibt auch der Arme, der sich aufbegehrend im Recht fühlt, der Sünder, der nicht nur Gnade, sondern auch Korrektur braucht. Schon die vielen Rechtschreib- und Grammatikfehler im „Jerusalëmmer" konnten nicht stehen bleiben. Es zeigte sich zunehmend, daß es dringend – wie übrigens bei jeder ordentlichen Zeitung – eines Lektorats bedurfte, das vor Erscheinen die einzelnen Beiträge korrigiert.[26] Die Bedingungen des Presserechtes waren schließlich auch zu beachten.

---

[26]Protokoll der Mitgliederversammlung vom 22.6.1998.

Auch in diesem Arbeitsbereich begegnete die menschliche Versuchung, eine „Prestige-Hierarchie" aufzubauen, die das Miteinander vergiftet. Die Redaktionsarbeit mit dem „Chefredakteur" als Spitze galt auch unseren „Journalisten" als prestigeträchtiger als die Arbeit des Verkaufens. Aber genau das konterkarierte den Geist des „CJ", der darauf zielt, „solidarische oder anders formuliert geschwisterliche Arbeitsgemeinschaft einzuüben".[27]

1997 gelang es, den polnischen Buchdrucker Tadeusz K. für die Mitarbeit zu gewinnen. Er übernahm die Redaktionsleitung und vermochte die Produktionskosten zu verringern.[28] 1998 lagen die Ausgaben für unsere Zeitung noch leicht über den Erträgen.[29] Die Auflage wechselte zwischen 1.000 und 2.000 Exemplaren. 1999 wurden etwa 2.500 Zeitungen monatlich von 8-17 Verkäufern umgesetzt.[30]

Unser Blatt gehörte eindeutig in den Bereich „Sozialarbeit" und war in der Außenwirkung ein mehr oder weniger effektiver Werbeträger, der nach innen und nach außen unter dem Aspekt der „sozialen Arbeit" seine Wirkung entwickelte: Es brachte die Armen buchstäblich als solche authentisch zur Sprache und machte sie in Gestalt der Verkäufer in der Stadt sichtbar, und – nicht weniger wichtig – es schuf Kontakte zwischen Käufern und Verkäufern,

---

[27]So Protokoll der Vorstandssitzung vom 31.1.2001.
[28]Protokoll der Mitgliederversammlung vom 16.8.1997.
[29]Protokoll der Mitgliederversammlung vom 26.1.1998.
[30]Protokoll der Vorstandssitzung vom 3.6.1999.

Abbildung 2.5.: Die Jerusalëmmer 2000, Nr. 12, Titelblatt

in denen sich, wenn sie gelangen, ein tieferes Verständnis entwickelte. Es kam nicht selten zu Gesprächen, und man lernte sich kennen.

Im Jahr 2000 beschrieb Imke H. beeindruckend, was damals den wahren Wert der „Jerusalëmmer" ausmachte, die immer noch auf schlechtem Papier armselig, aber in Form und Inhalt sehr authentisch gedruckt wurde:

> „Ich heiße Imke, bin 23 Jahre alt und lebe seit zehn Jahren mehr oder weniger auf der Straße. Das Café Jerusalem habe ich vor 5 oder 6 Jahren kennen gelernt, damals habe ich hier (bzw. in den alten Räumen in der Kaiserstraße mal geduscht, 'n paar Klamotten gewaschen und nen Kaffee getrunken, ich war wie so oft obdachlos. Vor 4 Jahren kam ich von einem etwas längeren Ausflug aus Berlin zurück, und seitdem bin ich regelmäßig hier. Zusammen mit meinem Freund Dieter habe ich zu der Zeit den Jerusalemer wieder eingeführt, er war von der Straße verschwunden, weil es keine Verkäufer gab. Unsere erste Zeitung war ein halbes Jahr alt und mehr ein Spenderblatt als ein Straßenmagazin, aber schnell kam es monatlich raus und wurde immer besser und Verkäufer fanden sich auch mit der Zeit. Zeitweise haben Dieter und ich sogar in der Redaktion gepennt, heute gar nicht mehr zu denken und mit den damals nur zwei

redaktionellen Mitarbeitern teilweise bis morgens um 5 oder 6 Uhr die Zeitung rechtzeitig zum Drucktermin fertig gestellt, abgetippt, layoutet, gespiegelt, alles noch auf die letzte Minute „fein" gemacht. Das ist mit den heutigen Verhältnissen natürlich gar nicht mehr zu vergleichen. Das Arbeitsklima ist aber immer noch ein lockeres, der Mensch steht hier immer mehr im Vordergrund als irgendein Pensum, was auch oft bitter nötig ist bei bis an den Rand der Verzweiflung getriebenen Existenzen. Ab und an schreibe ich auch was, aber am liebsten stehe ich noch immer auf der Straße und verkaufe die Zeitung, das ist meine Welt. Ich freue mich über ehrliches Interesse und Offenheit und ärgere mich über Intoleranz, die manches Mal gemeine Formen annimmt. Auch wenn ich mich in diese Gesellschaft nicht so einfügen kann und will, wie es sich gehört, gehöre ich doch dazu und kann einen Teil dazu beitragen. Vielleicht einenTeil, der ansonsten unsichtbar gemacht werden würde oder ganz in die Versenkung geschubst werden würde. Hoffnung gibt es immer, wenn sie zugelassen wird, und ohne uns, seid doch mal ehrlich, wärs doch auch langweilig. Und außerdem: das Problem ist größer als zugegeben wird und: es kann jeden treffen."[31]

---

[31] Der Jerusalëmmer. Extrablatt – Rundbrief 2000. WIR ÜBER UNS, S. X.

Auf der Suche nach einer Herberge

Sackgassen – Kaufobjekte

Von Anfang an waren wir auf der Suche nach Räumen
für das Café. Sehr bald hatten wir begriffen, daß es zur
Stabilisierung unserer Gäste auch gut wäre, zusätzlich ein
„Betreutes Wohnen" anbieten zu können. Gäste, die sich
uns im Café anvertrauten, brauchten zumindest Schlaf-
plätze – in Wahrheit aber mehr. Und auch ein Büro für
die unverzichtbare Verwaltung, die ständig wuchs, wurde
notwendig. Café und Wohnräume mußten unbedingt im
Zentrum liegen. Manche in der Stadt wünschten sich zwar,
daß die Armen in der Stadtmitte aus dem Blick an den
Stadtrand verdrängt werden. Das aber wollten wir nicht
zulassen.

Neumünsters Mitte schien auf den ersten Blick durchaus
geeignete Objekte zu bieten: Unser Blick fiel z.B. auf die
heruntergekommene „Reichshalle", einen ehemaligen Tanz-
palast, der damals dem Architekten B. gehörte. Sie wäre für
280.000 DM zu haben gewesen, hätte auch Wohnraum für
den einen oder anderen unserer Gäste geboten. Allerdings
wäre ein erheblicher Reparatur- und Umbauaufwand auf
den Verein zugekommen.[32] Es gab weitere, aber ebenfalls
problematische Objekte, die wir prüften.

---

[32] Vorstandsprotokoll vom 5. 9. 1995.

50

Am 10. Februar 1996 faßten wir den Such- und Sachstand zusammen:

„Der Vorstand hat zweimal zusammen mit den Herren H. (Architekt), Sch. (Organisationsleiter…) und S. zusammen über Raum-Alternativen beraten. Zwar weiß niemand, wann die Kaiserstraße abgerissen wird, aber wir müssen jederzeit damit rechnen. Wir haben Herrn T. von der Parkhof GmbH die fristlose Räumung noch einmal zugesichert. Die Notwendigkeit unserer Arbeit ist gerade angesichts der Winter-Kälte jetzt für jeden einleuchtend.
Wir haben zwei Möglichkeiten: Mieten oder kaufen. Bisher zeigen sich wenig wirklich geeignete Objekte in der Innenstadt.

- Das „Alte Faß", im Besitz der Stadt, kam trotz günstigem Preis wegen seines maroden Zustands nicht in Frage. Die Arbeit mit unseren Klienten würde jahrelang durch die Bautätigkeit gebunden. Überdies hätten wir während der Neubauphase keinen Raum.

- Die „Reichshalle" wäre zu kaufen (Preis 200.000-300.000 DM). Sie wäre als Bauwerk geeignet, allerdings von den Folgekosten schwer kalkulierbar.[33]

- Die Parkhof-Gesellschaft hat uns für 500.000-550.000 DM zwei alte Häuser Am Teich angeboten. Sie erscheinen vom Raumangebot und der Lage her optimal.

---

[33]Gott hat uns auch hier bewahrt, denn nicht lange danach brannte sie ab.

Unsere Einschätzung kam nach Beratungen mit dem Architekten H. zum Ergebnis: In dem einen, vor rund einem Jahrzehnt renovierten Haus könnte „Betreutes Wohnen" stattfinden; das zweite, das ehemalige „Hartz-Haus", unter Denkmahlschutz, könnte ein attraktives Café werden. Zunächst könnte der Café-Betrieb nach einer relativ leichten Renovierung im Wohnhaus stattfinden, und das ergäbe Zeit für die Renovierung des schönen Fachwerkhauses. Der Architekt H. hält das Projekt nach einer Besichtigung für kalkulierbar.

Am 30. April 1996 ließ sich der Vorstand von dem in der Wicherngemeinde engagierten Architekten K. aus dem Architekturbüro W. ergänzend beraten. K. gab im Unterschied zu seinem Kollegen ernsthaft zu bedenken,

- daß der Kaufpreis von 550.000 DM überzogen sei;
- daß zu dem Kaufpreis von 550.000 DM zusätzlich Sanierungskosten in Höhe von ca. 600.000 - 700.000 DM anfallen könnten.
- Vor allem das Hartz-Haus Nr. 13 werde erheblich kostenintensive Fachkraft-Sanierung benötigen, die vorgesehene Eigenarbeit nicht leisten könne.
- Allein das Haus Nr. 14 würde etwa 300.000 DM Renovierungskosten erfordern.
- Den Denkmalschutz in Nr. 13 hält Herr K. für eine gewichtige zusätzliche Belastung.[34]

---

[34]Vorstandsprotokoll vom 30.4.1996.

Die Bedenken haben uns überzeugt: Dies verlockende Projekt erwies sich doch als nicht realisierbar.

Jetzt kam 1996 kurz auch noch das Dähmlow-Haus – bisher unser Möbellager – in der Kaiserstraße in den Blick, und wir überlegten im Vorstand, ob der Verein es für die Gesamtarbeit, also auch das Café erwerben könnte. Aber auch das war, wie sich schnell herausstellte, schon aus Gründen der bestehenden Stadtplanung ausgeschlossen.[35]

Alle Bemühungen, Raum zu kaufen, scheiterten von vornherein an der Finanzierung. Uns fehlte schlicht das Geld. Gott wollte offenbar nicht, daß wir Eigentum erwarben und darauf unsere Zeit und Kräfte konzentrierten. Wir sollten wohl doch mit leichtem Gepäck unser Werk verrichten.

Gleichzeitig mit dieser Suche nach Raum empfingen und bedienten wir rund 200 langzeitarbeitslose Gäste und beschäftigten insgesamt etwa 30 Mitarbeiter in Küche, Möbellager, Büro und Redaktion. Sie waren bei uns in sehr verschienen Vertragsverhältnissen tätig.[36]

Grundsanierung – das günstige Angebot

1998 endlich mußten und konnten wir das allzu enge und ständig gefährdete Provisorium in der Kaiserstraße verlassen. Die Frau des Architekten W. besaß in der Bahnhofstraße

---

[35]So etwa den Brief der StattPartei vom 30.9.1997.
[36]Stand Dezember 1997.

44 ein ungenutztes Haus, das ursprünglich Werkstatt war. Es umfaßte 250-300 qm, und wir konnten es für eine monatliche Kaltmiete von 600 DM mieten. Es bedurfte allerdings einer grundlegenden Sanierung, die wir selbst mit allen Kosten übernahmen. Der Sanitär- und der Küchen-

Abbildung 2.6.: Noch eine Bruchbude – unser neues Zuhause – und unser Diakon Stefan beim Bau

bereich mußten grunderneuert oder erstmalig eingerichtet werden. Hier bot sich uns die günstige Gelegenheit, das Haus, obwohl es nicht unser Eigentum war, nach unseren

Bedürfnissen umzubauen. Die Eigentümerin ließ uns freie Hand. Es war nicht einmal erforderlich, bei der Stadt Baugenehmigungen einzuholen. Die monatlichen Kosten für die Raumnutzung in diesem Objekt ließen sich auf 2.000 DM kalkulieren und waren tragbar.[37]

---

[37]So Protokoll der Mitgliederversammlung vom 26.1.1998; Vorstandssitzung 14.4.1998

3. Die Bahnhofstrasse 44

Hart gefordert, aber hoffnungsfroh. Das „CJ" 1998 Teil I

Das fünfte Vereinsjahr hat uns bisher in jeder Hinsicht am meisten herausgefordert. Es war ein Kraftakt. Wir hatten bisher nie so hohe Kosten, benötigten nie so viele Spenden, erhielten allerdings auch bisher nie so viel helfendes Geld, und auch die zu leistende Arbeit war für unseren kleinen Verein immens und zwang uns über die Grenze des Zumutbaren, zumal auch der Café-Betrieb irgendwie, wenn auch stark eingeschränkt, weiterlaufen mußte.

Information und Spendenbitte

Angesichts der Herausforderungen, denen wir 1998 gegenüber standen, hatten wir uns nach einer Situationsanalyse am 12. Mai 1998 mit einem breit gestreuten sachlich-dringlichen Spenden-Bitt- und Informationsbrief an unsere Freunde gewandt. Wir zitieren ihn, denn er zeigt sehr deutlich die Verknüpfung zwischen Gottes Auftrag und der bedrängenden Situation, in der wir uns vorfanden:

Liebe Spender,
wir möchten uns endlich wieder einmal bei Ihnen allen für Ihre Hilfe bedanken. Sie haben uns mit Geld, durch Nahrungsmittel, durch Arbeitsmaterial oder Möbel unterstützt. Viele haben für uns gebetet. Das Gebet der Christen ist nach unserer Erfahrung der Schlüssel zum Segen Gottes. Ohne Ihre vielfältige Unterstützung hätten wir den Armen mit verschiedenartigen Mängeln und Behinderungen nicht das Café Jerusalem als Asyl bieten können. Das Café Jerusalem lebt seit fast 4 Jahren. In Spitzenzeiten geben wir bis zu 150 Essen täglich aus. Rund 40 Menschen finden nach wie vor bei uns Beschäftigung. Wir geben ihnen Arbeit, Stadt, Land und Bund finanzieren dies Beschäftigungsprogramm.

Gott auf Tuchfühlung mit Junkies und Alkoholikern
In der Morgenandacht oder im seelsorglichen Gespräch bei Stefan oder im freundlichen Händedruck von Christen begegnen bei uns Menschen dem lebenden Jesus Christus. Es kommt nicht selten vor, daß der eine einen Christen braucht, der mit ihm betet, oder die andere eine Christin, die ihr wünscht: „Gott segne dich". Das Leben mit Drogen oder Alkohol oder Tabletten ist unendlich hart. Es ruiniert Gesundheit und Selbstbewußtsein und bringt nicht selten in den „Knast". Aber Gäste haben angefangen, nach Jesus Christus zu fragen. Wir möchten Menschen, die im Leben beschädigt und entwürdigt wurden, zu Jesus Christus einladen. Seine heilende und vergebende Liebe trägt uns:

„Kommet her zu mir alle, die ihr mühselig und beladen seid; ich will euch erquicken." (Mt 11,28).

Es gibt kaum eine Gestalt des Elends, der wir nicht im Café begegnen. Da kommt der junge Mensch zu uns, der sich im Netz einer Drückerkolonne verfangen hat, und den man dort schlägt, wenn er zu wenig Zeitschriften verkauft. Wenn es gut geht, können wir ihn herausholen. Da kommt die 19jährige junge Frau zu uns, die seit ihrem 16. Lebensjahr an der Spritze hängt – in drei Jahren entsetzlich heruntergekommen. Bei uns trinkt der seelisch gestörte, von Ängsten Geplagte seine Tasse Kaffee. Bei uns arbeitet die junge Mutter, die seit einem Jahr kein Heroin mehr spritzt und manchmal ihr kleines, entzückendes Kind mit bringt. Wir freuen uns, daß wir diesen Kindern im neuen Café einen Garten – vielleicht sogar mit Spielgeräten – bieten können. Die verräucherte Enge in der Kaiserstraße tut ihnen nicht gut. Zu uns kommen die Junkies, und wir können nicht immer verhindern, daß sie – selbst Sklaven der Sucht – in unseren Räumen verstohlen ein Gelegenheitsgeschäft machen. Es kommt vor, daß Dealer auf der Suche nach Kunden um unser Haus streichen. Nicht selten ist bei uns die Hölle auf Erden zu Besuch, und das ist eine ungeheure Belastung für unsere Mitarbeiter. Es ist am Ende auszuhalten, weil wir glauben, daß Jesus der siegreiche Herr über Tod, Teufel und Hölle ist. Die Kraft seiner Liebe ist dem Elend gewachsen, seit er den Sklaven- und Verbrechertod am Kreuz starb, um uns das tödliche Gericht des heiligen und gerechten Gottes zu ersparen.

Mehr als 20 unserer Gäste sind in den 4 Jahren gestorben, seit unser Gasthaus Jesu Christi geöffnet ist – fast alle viel zu früh. In den letzten beiden Wochen waren es wieder zwei: André, der drogenabhängig an seinem Erbrochenen auf der Straße erstickte, und Sönke, „der Rollstuhlfahrer", der – seit Jahren an MS erkrankt – zunehmend seine Kräfte verlor. Sönke war ein Mensch, der betete, und sein Gebet war manchmal zornig angesichts dessen, was Menschen zugemutet wird, und oft war es geprägt durch wachsendes Vertrauen zu Jesus, mit dem er lebte. Er hatte Jesus sein Leben anvertraut. Wir glauben, daß er jetzt bei Jesus ganz zuhause ist und zu denen gehört, die Gottes Liebe für immer genießen und feiern. Wir wünschen uns, daß auch André sein Leben – vielleicht in einem Augenblick tiefer Verzweiflung – Jesus ausgeliefert hat, um nicht in der Gottlosigkeit verloren zu sein.

Gottes Tisch: Aufbau und Renovierung
Die Renovierung im Café in der Bahnhofsstraße 44 läuft zügig, es ist aber Schweiß- und Knochenarbeit. Es handelt sich bei unserem neuen Café im Grunde um eine Rohbaumasse. Inzwischen ist das Dach dicht, Räume und Garten sind weitgehend entrümpelt, die kleinlichen Wände sind rausgehauen. Man sieht bereits etwas von der zukünftigen hellen Atmosphäre, die dort herrschen soll. Wir werden großzügige, überschaubare und sicher auch freundliche Räume gewinnen: Den Gastraum mit rund 100 qm, die Küche, in der man sich bewegen kann, den Sanitärtrakt, die

Büro- und Redaktionsräume, das Besprechungszimmer.

Architekten haben uns sehr geholfen bei der Planung und der Formulierung der Bau-Anträge – sie haben uns die Arbeit geschenkt. Die Handwerksfirmen, die bei uns arbeiten, sind bereit, uns sehr weit entgegen zu kommen mit reduzierten Rechnungen und Sachspenden. Stefan Burmeister wirft sich voll in die Bauarbeit. Mehr Mitarbeiter, Sympathisanten und Gäste, als wir erwartet haben, packen handfest und effektiv an und übernehmen wichtige Abriß- und Aufbauarbeiten. Es ist erstaunlich, wieviel Hilfe wir finden durch Geld- und Sachspenden, aber bewegend ist, wie intensiv Menschen schwitzend Hand anlegen. Gäste investieren sich, und es ist daran zu sehen, daß es ihr Café Jerusalem wird. Besonders wichtig sind eine funktionsfähige Küche, in der unsere Mitarbeiter sauber und hygienisch arbeiten können, und menschenwürdige Sanitäreinrichtungen. Wir hoffen, bis Ende Juni fertig zu sein.

Den Mietvertrag für das Café haben wir auf 10 Jahre abgeschlossen, den für das Möbellager völlig flexibel, so daß wir ihn jederzeit beenden können, wenn unsere Erwartungen scheitern oder die Verhältnisse sich ändern. Unser Konzept ist ja: Die missionarische Sozialarbeit im Café wird mit Spenden finanziert; sie ist das Herz unserer Arbeit. Das Möbellager muß sich selbst tragen durch staatliche Mittel und Einnahmen.

Mitarbeiter: Wer die Hand an den Pflug legt

Wir haben vor 4 Jahren angefangen mit der kleinen Gaststube und der Behelfsküche und Stefan Burmeister, unse-

ren Diakon als Gastgeber, Kellner, Friseur, Gesprächspart-
ner, Sozialarbeiter eingesetzt. Die Arbeit ist ihm schnell über
den Kopf gewachsen, und er hat Mitarbeiter gefunden. Katrin Weule leitet die Küche. Sie ist ein wirkliches Gottesgeschenk, denn sie hat den Laden im Griff, verwertet alles, hat
ein Herz für die Armen und ist beeindruckt von Jesus. Doro-
thea Kaul (Dipl. Pädagogin) als Halbtagskraft vor allem für
die Entlastung von Stefan Burmeister und Christa Marklin
(Schatzmeisterin) im Bereich öffentlich geförderter Beschäftigung nötig, ist in der Landeskirchlichen Gemeinschaft zuhause. Gitta Göttsch (Pädagogin) ist Nachfolgerin von Mar-
lies Sommerfeldt und wird vom Arbeitsamt bezahlt. Sie erweist sich als wertvolle Mitarbeiterin, weil sie belastbar ist,
souverän in schwierigen Situationen handelt und gern mit
den Armen arbeitet.

Im Möbellager ist Friedrich Atzpodin (Pädagoge) im
Rahmen der Beschäftigungsmaßnahmen neben Klamo
Ostrowski und Willi Rüchel für die Leitung dieses Be-
reichs eingestellt. Er bewährt sich sehr gerade auch im
Handwerklichen und in der Organisation der Arbeit. Sein
Engagement entlastet uns. Gerade jetzt, wo Café und
Möbellager räumlich auseinandergerissen sind und Stefan
nicht mehr schlicht anwesend ist, brauchen wir dort eine
stabile und verläßliche Leitung.

„Wir sind Bettler, das ist wahr"
Die Architekten haben Umbaukosten für das Café von rd.
225.000 DM errechnet. Das umfaßt das Allernotwendigste.
100.000 DM haben wir bereits aus Spenden gespart. Wir hof-

fen, die Kosten durch Sachspenden der am Bau beteiligten Firmen und Eigenleistungen auf etwa 130.000 DM herunterdrücken zu können. Wir können hier nur begrenzt präzis rechnen und planen. Es bleiben Risiken. Wir brauchen auch weiterhin Ihre Hilfe. Vor allem ist die Küche noch nicht gesichert. Bei der Heizungsanlage sind noch Risiken drin, und es fehlt noch an vielem. Aber auch der Betrieb lebt weiterhin von den regelmäßigen Gaben unserer Freunde.

Niemand von uns hat vor 4 Jahren, als wir in der kleinen Stube in der Kaiserstraße mit weniger als 1000 DM festen Spendenzusagen und mindestens 5000 DM Zahlungsverpflichtungen anfingen, geahnt, daß das Wachstum der missionarischen Sozialarbeit sich so stürmisch und spannend vollziehen würde. Gott hat diese Arbeit gesegnet. Wir haben viele kleine und große Wunder erlebt. Es war manchmal knapp, aber nie zu wenig. Wir danken Gott, der uns schützt und trägt. Wir danken jedem von Ihnen. Sie haben uns die Hände gefüllt, Sie haben für uns gebetet, Sie waren bei uns; Sie haben gut von uns gesprochen; Sie haben uns beraten und manchmal auch durch Kritik geholfen. Bitte verzeihen Sie uns, daß wir nicht intensiver auf all das Gute reagieren, das Sie uns tun. Auch hier spüren wir die Grenze unserer Kräfte.

Mit herzlichen Segensgrüßen"

Hoffnungsvolle Aussichten

Die Herausforderungen waren hart, aber im Jahr 1998 öffnete sich uns zugleich eine erheblich mehr gesicherte Zukunft. Wir hatten endlich eine uns mietvertraglich anvertraute Herberge. Wir konnten sie ohne Auflagen nach unseren Bedürfnissen gestalten. Und so konnten wir Jesus den Raum schaffen, in dem er als Gastgeber Menschen an Leib, Geist und Seele zu bewirten und manche auf neue Wege zu führen vermochte. Wir lebten zum erstenmal nicht mehr von der Hand in den Mund. Aber der Druck stieg auch, den wir bewältigen mußten.

Sowohl für Stefan Burmeister wie für die Schatzmeisterin war inzwischen vor allem durch die Expansion des Möbellagers mit den vielen aus staatlichen Mitteln finanzierten Mitarbeitern die Belastung schier unerträglich geworden. Fast jeder dieser zumeist aufgrund verschiedenster Defizite auf dem regulären Arbeitsmarkt schwer vermittelbaren Mitarbeiter und der hohe mit der staatlichen Finanzierung verbundene Verwaltungsaufwand brachten unseren Mitarbeiterkern in Verwaltung und Leitung an die Grenzen und nicht selten darüber hinaus. Die bürokratisierte soziale Dimension drohte die missionarisch-seelsorgliche zu ersticken. Um wieder Luft zum Atmen und Kraft zum Gestalten zu gewinnen mußte unbedingt für beide je eine qualifizierte Kraft zur Unterstützung gesucht und gefunden werden.[1] Der Zwang zu handeln zeigte sich jeden Tag.

[1]Protokoll der Mitgliederversammlung vom 26.1.1998.

In der Einladung zur Vereinssitzung am 22. Juni 1998 war die damalige Situation des Vereins festgehalten:

1. Wir stehen inzwischen durch die Arbeitsbeschaffungsmaßnahmen (40 Mitarbeiter in unterschiedlichen Verhältnissen), die Ausweitung des Möbellagers und die für diesen Bereich gegebene Umsatzsteuerpflichtigkeit vor der Notwendigkeit, die Buchhaltung umfassend neu zu organisieren. Das ist bis Ende Mai nicht zu schaffen.

2. Wir übersehen noch nicht, wie am Ende die Kostenentwicklung in der Bahnhofsstraße sich vollzieht. Die reguläre Kostenschätzung der Architekten Wuttke und Kekeritz für den renovierenden Umbau liegt inzwischen bei knapp 280.000 DM. Wir sind ziemlich sicher, daß wir diesen Betrag durch Eigenleistung, Sachspenden der Handwerksbetriebe in erheblichem Umfang und durch leichte Zuschüsse von Staat und Kirche (Diakonie etwa 7.500 DM) auf das uns mögliche Maß (130.000-150.000 DM) reduzieren können.

Das Protokoll der Vereinssitzung vom 22.6.1998 zeigte weitere Details der damaligen Situation. Wir halten aus ihm sinngemäß fest:

1. Wir rangen darum, Gottes Auftrag nicht zu verlieren: Angesichts des überwältigenden, aber auch verführenden Wachstums des sozial gewiß wichtigen Sektors „Arbeit" für an den gesellschaftlichen Rand geratene Menschen mußte das Café selbst, das Gasthaus Jesu Christi, der Kernbereich unseres Auftrags bleiben. Er ist der primäre Raum der Begegnung mit Jesus Christus. Hier wird täglich gegessen und getrunken, hier wird bezeugt und gebetet. Der Café-Raum ist eine der Geburtsstationen für Christen. Hier bleibt Gott nicht anonym. Hier soll das Gotteslob erklingen.
Durch Spenden vor allem aus christlichen Kreisen sollte diese Arbeit getragen werden. Hier dürfen wir Christen uns nicht durch Staat oder Gesellschaft geistig „aufkaufen" lassen. Aus dem Auftrag, Menschen zu einer wirklichen Begegnung mit Jesus Christus zu helfen, erwuchs auch unser Aspekt „Sozialarbeit", der sich dann im Möbellager und unserer „Jerusalëmmer" konkretisierte. Aber nicht Diakonie ist das Zentrum unseres Glaubens, sondern das in der Zeit und für die Ewigkeit befreiende Leben mit Jesus Christus, das Menschen ergreift.

2. Der Umbau für die neuen Café-Räume ging zügig voran. Mit Frau W. war ein Mietvertrag

für 10 Jahre bei einer Kaltmiete von 600 DM für Raum von 300 qm Nutzfläche abgeschlossen worden.

Die Kostenermittlung für den Umbau belief sich auf 225.000 DM, stieg dann jedoch auf 280.000 DM. Unsere Sparrücklagen bestanden zu Beginn aus rund 100.000 DM. Zuschüsse gaben: Der Kirchenkreis (10.000 DM), das Innenministerium (Glücks-Spirale 20.000 DM), das Diakoniewerk Rendsburg (7.500 DM), und von der Hochstiftung erwarteten wir ebenfalls Hilfe. Uns halfen viele Arbeitslose ehrenamtlich. Mit dem Arbeitsamt hatten wir eine Vereinbarung getroffen, die deren ehrenamtlichen Einsatz möglich machte und regelte.

Fast alle Betriebe, die bei uns arbeiteten, rechneten mit uns auf der Basis von 50% der Kosten ab, die zweite Hälfte spendeten sie. Die Architekten arbeiteten für uns kostenlos. Wir erfuhren also großzügige Hilfe.

3. Damals verzeichneten wir, die Gemeinden eingeschlossen, ca. 260 Spender.

Die Höhe der Spenden betrug 1998 bis einschließlich Juni:

Januar	34.000,00 DM
Februar	19.000,00 DM
März	8.000,00 DM
April	8.000,00 DM
Mai	27.000,00 DM
Juni	62.000,00 DM
Summe	158.000,00 DM

Es gab mehrere Spenden über 10.000,00 DM. Am Ende des Jahres 1998 hatten die Menschen uns – alles, auch die Sachspenden eingerechnet – 309.143,38 DM gespendet.[2]

4. Der Verein zählte 1998 14 Mitarbeiter in Arbeitsverträgen. (Darunter 3 ABM-[3] – und 9 SAM-[4]Kräfte). Letztere waren schwerstvermittelbare Langzeitarbeitslose, die den Anforderungen des ersten Arbeitsmarktes nicht gerecht werden, sich bei uns aber sehr motiviert zeigten. Hinzu kamen MAE-Beschäftigte[5].

5. Sehr gute Kontakte zur Presse haben uns sehr geholfen.

6. Jeweils dienstags um 19.00 Uhr fand im

---

[2]Einnahme-Überschußrechnung 1998.
[3]Arbeitsbeschaffungsmaßnahmen.
[4]Strukturförderungsmaßnahmen.
[5]MAE=Mehraufwandsentschädigung= 1 DM je Stunde.

Café Jerusalem eine Gebetsstunde statt. In der Zusammenarbeit und auch im Kreis der Gäste zeigte sich bei manchen eine gute geistliche Entwicklung.

7. Der Café-Betrieb in der Kaiserstraße lief teilweise weiter. Auch daß dies möglich war, empfanden wir als großzügiges Geschenk.

Vergewisserung – unser Informationsblatt

In dem jetzt endlich gewonnenen Café Jerusalem vergewisserten wir uns in Rückblick und Ausblick der sozialdiakonischen Seite unseres Auftrags, faßten die sozialen Erfahrungen und die sich daraus ergebenden Überlegungen zusammen und teilten sie mit unseren Freunden und Sympathisanten:

Der Verein: Zu unserer Einrichtung
Der missionarische und diakonische Kernbereich wird aus Spendenmitteln finanziert und ist ein „Glaubenswerk". Für diesen Teil erhalten wir weder staatliche noch kirchliche Mittel. Wir haben die Erfahrung gemacht, daß Gott und die Menschen uns mehr als drei Jahre lang gegeben haben, was wir brauchten.

Herausgefordert durch die Not der Menschen am Rande

Verschiedene Umstände führen heute zunehmend zur Verarmung und Verelendung einzelner Menschen. Es sind innere und äußere. Hier wirken Persönlichkeits- und Sozialisationsdefizite, die nicht selten von Generation zu Generation weitergegeben werden. Hinzu kommt häufig die Sucht in ihren verschiedenen Ausprägungen. All dies läßt Menschen durch das soziale Netzwerk fallen und auf der Straße landen. Der Verein „Café Jerusalem" sieht seine Aufgabe darin, diesen Menschen aus dem Geist des christlichen Glaubens Schutz- und Lebensraum zu geben. Das Café Jerusalem ist eine Armenarbeit, und diese ist nötig, denn die Stärke eines Gemeinwesens erweist sich in der Fähigkeit, die Schwachen zu tragen.

Der Verein
Unser Verein wurde 1994 durch Vertreter christlicher Gemeinden und Gemeinschaften unserer Stadt gegründet. Er arbeitet gemeinnützig. Im Verein sind Pastoren der Stadt wichtige Vermittler, weil sie die Armen-Arbeit in die christlichen Kreise tragen und mit den Gemeinden und Gemeinschaften vernetzen.
Dreieinhalb Jahre lang lebten wir mit dem Café, dem Möbellager und der Zeitungsredaktion am Rande der Industriebrache „Sagergelände". Jetzt werden wir die Arbeit in der Bahnhofsstraße fortsetzen. Als wir 1994 begannen, gab es für Menschen im Zustand der Obdachlosigkeit in Neumünster keinen „Tagestreff" mit zureichenden Hilfsangeboten.

Auftrag und Aufgaben des Vereins
Der Verein „Missionarische Sozialarbeit der Evangelischen Allianz Neumünster e.V." hat sich zur Aufgabe gemacht, Menschen, die am Rande unserer Gesellschaft leben, Lebensraum zu geben und, wenn möglich, Glauben und Hilfen zur Wiedereingliederung zu vermitteln. Die Nobelpreisträgerin Mutter Theresa sah die Wurzelnot zahlloser Menschen darin, daß sie sich als unerwünscht und ungewollt erfahren. Dieser Not wollen wir versuchen zu begegnen. Darin sehen wir den Auftrag Jesu Christi, und Sozialarbeit ist die notwendige Folge.

Innere Arbeitsziele
Die zur Zeit bestehende Einrichtung vermittelt vor allem:

- Hilfen aus Isolation und Vereinsamung
- Hilfen zur Konfliktbewältigung
- Einüben in Tagesstruktur und Verbindlichkeit
- Steigerung von Leistungfähigkeit und Kontinuität
- Orientierungshilfen und Aufbau von Perspektiven
- hygienische und pflegerische Hilfen für ein gesunderes Körperbewußtsein
- Weiterführung zu spezifischen Hilfsangeboten
- Wiedereingliederungshilfen in die Arbeitswelt

Die Arbeit ist vorrangig für Obdach- und Wohnungslose gedacht, jedoch ist die Einrichtung grundsätzlich für jeden offen, und wir wünschen uns sogar ein breitgefächertes Personenspektrum. Wir beobachten, daß oft neben den augenfälligen Nöten bei den Betroffenen sehr viel komplexere Defizite in den individuellen Lebenssituationen herrschen:

- Sozialisationsdefizite
- Perspektivlosigkeit und mangelnder Zeithorizont
- niedrige Frustrationstoleranzschwelle
- Krankheit und Behinderung
- übertriebene Anspruchshaltung und mangelnde Leistungsbereitschaft
- unvernünftige Wertvorstellungen
- Haltungsschwächen
- Ich-Schwächen (z.B. auch durch Stigmata / erfahrene Diskriminierung)
- mangelnde intellektuelle Fähigkeiten
- erhöhte Aggressivität (meist als Kompensation von Minderwertigkeitsgefühlen)
- Defizite im Umgang mit Eros und Sexualität
- Fatalismus - Passivität
- u.a.

Wohnungslosigkeit, Alkohol-, Drogen- und Spielsucht, dies häufig verbunden mit folgender Kriminalisierung und Isolation vom gesellschaftlichen Umfeld sind die sichtbaren

Folgen.

MENSCHEN IM CAFÉ
Zusammenarbeit: Generalisten und Spezialisten
Als niederschwelliges Randgruppenangebot sind wir
darauf ausgerichtet, für Menschen eine Brücke zu bestehenden Hilfsangeboten zu bilden. Wir arbeiten zusammen
mit der ZBS, der Drogenhilfe, den sozial-psychiatrischen
Diensten, sowie den Selbsthilfegruppen und Verbänden,
die sich den einzelnen spezifischen Problemgruppenstellen.

Mitarbeiter: Zwischen Vereins-Familie und Betriebsrat
Derzeit arbeiten in unserer Einrichtung ca. 47 Personen,
mit unterschiedlicher Stundenzahl. 10 Mitarbeiter sind zur
Zeit in unserer Einrichtung mit Arbeitsverträgen angestellt.
Ihre Gehälter werden von staatlichen Stellen finanziert.
Auch Praktikanten aus Schule und pädagogischen Ausbil-
dungszentren nutzen unsere „Arbeit" als praxisbezogene
Einrichtung über Wochen. Im vergangenen Jahr konnte ein
Zivildienstleistender anteilig durch Spendenmittel bezahlt
werden. Zusätzlich werden Menschen mit in die Arbeit
einbezogen, die durch das Gericht verordnete Stunden der
„Freien Arbeit" abzuleisten haben. Leistungen von Betrof-
fenen werden durch das Sozial- oder das Arbeitsamt im
Rahmen gesetzlicher Regelungen honoriert. Hier findet das
Bemühen um Schritte der Wiedereingliederung Ausdruck
in Gestalt von „Lohn".

Erfahrungsgewinn: Aus Hilfsbedürftigen werden Hel-

fende
Ehrenamtliche aus Stadt, Kirche und Gemeinde un-
terstützen die Arbeit durch praktische Dienste. In die
Arbeiten, die der Caféablauf erfordert, binden wir unsere
Gäste ein, weil ihnen diese Mitarbeit im Rahmen ihrer
Möglichkeiten Würde gibt und Selbstwertgefühl aufbaut.
Dadurch entsteht nicht nur die Möglichkeit der Begegnung
von Menschen aus unterschiedlichstem Milieu, sondern
auch eine gemeinsame praktische Beziehung. Hilfsbedürf-
tige werden zu Helfenden. Diese Erfahrung vermitteln
wir ihnen auch, indem wir sie an Versandaktionen für
Menschen in Polen oder Afrika beteiligen. Weil wir über
Lagerfläche verfügen, viele Mitarbeiter haben und viele
Menschen uns mit Sachspenden beschenken, konnten wir
eine Brücke zu überregionalen Hilfsaktionen schlagen.
Es werden z.B. Kleiderspenden für Osteuropa verpackt,
Nähmaschinen und andere Maschinen für die Afrikahilfe
entgegengenommen und zwischengelagert, auch Kontakte
nach Albanien sind vorhanden. Dies ist ein wichtiger Bereich unserer Arbeit von hoher therapeutischer Bedeutung.
Die in unserer Gesellschaft an den Rand gekommenen
Betroffenen begegnen den Existenznöten der Menschen in
anderen Ländern und machen die Erfahrung, daß sie selbst
helfen und für andere etwas tun können.

Integration: Lehrer und Fixer an einem Tisch vereint
Im Café begegnen sich Menschen aus verschiedenen
sozialen Schichten und mit sehr unterschiedlichen Biographien. Trotz der räumlichen Enge finden sich auch

(gerade aus Gemeinden und Kirchen) „normalsituierte Bürger" in der Caféeinrichtung ein. Berührungsängste können überwunden werden. Die Gäste, denen wir helfen wollen, kommen aus verschiedenartigen Problemgruppen. Ihr Zusammentreffen hat sich im Café (Gästebereich) wie im Bereich der zu leistenden Arbeit als unproblematisch erwiesen, Generationsunterschiede sogar als positiv. Eine Identifikation mit der Einrichtung auf Seiten der Zielgruppe hat zu einer hohen Motivation und Identifizierung mit der Arbeit geführt.

Offenheit: Auch in der Zeitgestaltung und beim Essen
Das Café ist außer mittwochs jeden Tag – auch sonntags – geöffnet. Am Mittwoch treffen sich die Mitarbeiter zur Dienstbesprechung, zur Schulung und zu Besuchen anderer Einrichtungen. Außerdem werden an diesem Tag anfallende Arbeiten, die zu den Öffnungszeiten nicht verrichtet werden können, erledigt.

Werktags ist das Cafe von 9.00 Uhr bis 19.00 Uhr und samstags und sonntags von 13.00 Uhr bis 19.00 Uhr geöffnet. Am Dienstagabend laden wir zu Andacht und Gespräch bis 22.00 Uhr ein. Mit diesen Öffnungszeiten ist ein hohes Maß von Belastung verbunden. Neben Frühstück und kleinen Imbissen werden täglich bis zu 80 warme Mahlzeiten ausgegeben. Das Café ist für innerlich und äußerlich beschädigte Menschen Aufenthaltsort, Anlaufstelle und Heimat geworden. Gäste unserer Einrichtung nutzen die Möglichkeit zum Waschen ihrer Wäsche, sowie das

Angebot der Körperhygiene (Duschraum, Haarschnitt...). Bei uns gibt es keine Preise. Gäste werden gebeten, das zu geben, was sie können, beziehungsweise, was ihnen Gastfreundschaft und Essen im Rahmen ihrer Möglichkeiten wert sind.

Weil unsere arbeitslosen Gäste sich auch nützlich machen und mitarbeiten wollen, wurde der Möbel-, Kleider- und Haushaltsbasar geschaffen. In dem ehemaligen Eisenwarengeschäft werden z.Zt. Sachspenden entgegengenommen, die wir zahlungsschwachen Menschen anbieten. Die großzügigen Räume dort lassen ein vielfältiges Warenangebot zu. Der Markt wird ohne feste Preise geführt, Preise werden zum größten Teil ausgehandelt, wobei die Zahlungskraft der Kunden entscheidend berücksichtigt wird. Wohnungslosen wird kostenlos nötige Wäsche gegeben. Zahlungsschwächere Mitbürger finden hier ein Second-Hand-Angebot, das ihnen bei der Lebensgestaltung hilft. Wir haben geöffnet werktags von 10.00-16.30 Uhr, sonnabends von 10.00-13.00 Uhr.

Information: Die „Jerusalëmmer" und andere
Rundbriefe an Spender, Kirchengemeinden u.a. gehören zur Arbeit des Vereins. Sie vermitteln Informationen, lassen Betroffene zu Wort kommen und bringen christliche Gesichtspunkte ins Spiel. Sie schaffen Verbindungen, ohne die unser Verein nicht leben kann. Veranstaltungsreihen, Lesungen, Musikveranstaltungen, Theater, u.a. sollen das Verständnis für die Betroffenen in der Öffentlichkeit

verstärken und um Unterstützung werben. Aber auch gemeinsames Feiern, z.B. Sommer- und Weihnachtsfeiern dienen diesem Ziel und helfen zur Integration. Im Dezember 1995 ist die erste Zeitung vom Rande der Gesellschaft „Die Jerusalëmmer" herausgegeben worden. Auch sie soll themenorientiert in Zusammenarbeit mit anderen Vereinen und Verbänden (Diakonie, AWO, Kinderschutzbund, den Sozialpsychiatrischen Verbänden u.a.) das Verständnis für die Probleme schwächerer Mitbürger und Bürgerinnen in Region und Nachbarschaft fördern. Der Vertrieb und Verkauf wird durch sozial Schwache sowie Wohnungslose übernommen, die damit ein paar Mark hinzuverdienen und eine Aufgabe gewinnen. Modell war das Obdachlosen-Zeitungsprojekt „Hinz und Kunz't in Hamburg. In der Redaktion haben wir einem qualifizierten Arbeitslosen bezahlte Arbeit gegeben. Hier werden Betroffene durch Beiträge neu sprachfähig und zu Sprechern in eigener Sache.

Was es gegenwärtig sonst noch geben könnte
Es gehört zum Charme und zur Lebendigkeit dieses kleinen Armen-Cafés, daß es mit einem hohen Maß an innovativer Kreativität arbeitet und flexibel auf den Zwang zu ständig neuer Anpassung an die Situationen reagiert.

Gute Nachbarschaft: Wir brauchen viele Freunde
Wir konnten Spannungen mit den direkten Anliegern und Nachbarn, die aus unserer Arbeit erwachsen können, in den meisten Fällen lösen. Wir wurden nicht selten direkt aus der Nachbarschaft unterstützt, sei es durch Spenden, sei es

durch nachbarschaftliche Hilfen. Viele Gespräche, sowie eine Podiumsdiskussion schufen bei den meisten Verständnis. Wir verstehen durchaus, daß es naheliegt, unsere Einrichtung für die Anwesenheit der vielfältigen, nicht schönen Gesichter der Armut in der Mitte der Stadt verantwortlich zu machen. Sie wären im Stadtzentrum sichtbar, selbst wenn es uns nicht gäbe. Die von Armut und Krankheit gereinigte Stadt ist eine unmenschliche Stadt. Eine Einrichtung wie das Café Jerusalem muß im Innenstadtbereich angesiedelt sein, weil Betroffene am Leben im Zentrum teilnehmen wollen und sich in den Bereichen von Bahnhof und zentralen Parkanlagen aufhalten, um in der Anonymität der Stadt Lebensraum zu finden."[6]

Wir gewannen neue Kraft – 1998 Teil II

Am 29. August 1998 fand der Abschied von der Kaiserstraße 9 und der Umzug in die Bahnhofstraße 44 statt. Wir hatten neben unseren Freunden und Sympathisanten, Helfern und Mitarbeitern Gäste aus Kirche und Gesellschaft eingeladen. Propst Jürgensen schrieb in einem Grußwort:

> „Das Café Jerusalem hat in den wenigen Jahren seit seiner Gründung eine bewegende Geschichte erlebt. Sie steht für Erfahrungen, die in den kommenden Jahren die kirchliche Arbeit

---

[6]Unterzeichnet war dies Informationsblatt von dem Leiter Diakon Stefan Burmeister und dem Vereinsvorsitzenden Pastor Dr. Dieter Müller

verstärkt prägen werden: Im Mittelpunkt aller
Arbeit steht das Vertrauen auf die Wege Gottes,
die er mit uns Menschen geht. Und dieses Vertrauen trägt durch alle Unsicherheiten hindurch,
läßt uns viele Höhepunkte erleben und schenkt
Durchstehvermögen, wenn Ratlosigkeit uns den
Mut nehmen möchte."[7]

Am 9. November dann konnten wir mit großer Dankbar-
keit die Bauphase im Café im wesentlichen abschließen. Der
Umbau war finanziert, und das „CJ" litt keine finanzielle
Not.[8]

Erste Eindrücke im neuen CJ

Wir konnten festhalten:
Das Café wurde sehr gut besucht. Nach wie vor wurden bis
zu 170 Essen täglich ausgegeben. Etwa 50 Menschen früh-
stückten im Café. Menschen erfuhren das Haus als Gasthaus
Jesu Christi. Jeder Tag begann dort mit Gottes Wort und dem
Gebet. Manche Gäste brachten allerdings ihre Aggressivität
und Not so massiv mit ins Café, daß die Mitarbeiter an ihre
Grenzen kamen. Mittwochs fanden regelmäßige Arbeitsbe-
sprechungen statt, an denen bis zu 50 Mitarbeiter teilnah-
men.

---

[7]Schreiben vom 27.8.1998.
[8]Die folgende Momentaufnahme ist belegt durch das Protokoll der Mitgliederversammlung vom 9.11.1998

Es ging, Gott sei Dank, gut
Finanzüberblick Ende 1998

Bemerkenswert war in diesem Umzugsjahr natürlich der Finanzbericht der Schatzmeisterin, der am 9. November 1998 Einnahmen von 723.236,63 DM und Ausgaben in Höhe von 504.658,37 DM auswies. Spannend waren die Details:

- In den Spenden waren eine einmalige Einzelspende in Höhe von 50.000 DM und weitere bedeutende einmalige Spenden zugunsten der Baumaßnahme in Höhe von etwa 50.000 DM enthalten. 1998 wurde uns im Jahresvergleich der mit Abstand höchste Spendenbetrag aller bisherigen, aber auch der folgenden Haushaltsjahre geschenkt. Wir brauchten das Geld, und es wurde uns gegeben, und es gab uns Luft in den nächsten Jahren. Gott sei Lob und Dank.

- 57.500 DM wurden für den Café-Umbau an Zuschüssen gezahlt.

- 365.018,78 DM aus den Einnahmen bestanden in Zuweisungen aus öffentlichen Kassen für die Beschäftigungsmaßnahmen, denen Lohnkosten in Höhe von 388.109,06 DM gegenüber standen.

- Die Miete für das neue Möbellager in der Altonaer Straße von gegenwärtig 3.000 DM – und ab Januar des kommenden Jahres in Höhe von 5.000 DM – sollte erwirtschaftet werden.

- Fortbildungskosten waren entstanden im Bereich der Buchhaltung (EDV-Schulung).

- Die Umbaukosten beliefen sich am Ende auf 122.347,32 DM, zu denen noch etwa 20.000 DM für die Elektroinstallation kamen. Der Verein hat für außergewöhnlich viel gespendete Arbeit und zupackende Arbeitshilfe von Freunden und Mitarbeitern zu danken.

Es war eine ermutigende Erfahrung, daß die Umbaukosten durch Geld- und Handwerkerspenden, durch Eigenarbeit und Zuschüsse voll gedeckt werden konnten. Das Café Jerusalem blieb als Werk des Glaubens schuldenfrei, also finanziell gesund. Gott hat es reichlich gesegnet.

Gute Arbeit, gute Zahlen

Ein Stamm von 7 Mitarbeitern bewältigte, sich zeitlich ergänzend, den Café-Betrieb. Dort vollzog sich der Alltag gut eingespielt. Täglich gaben wir durchschnittlich bis zu 150 Essen an Gäste aus – über die dreieinhalb Jahre gerechnet, seit es uns gab, rund 50 000 Portionen.

Die Jerusalemmer wurde von 10 Verkäufern in der Stadt vertrieben.[9]

Arbeit bis über die Grenzen

Es wurde im Verein grundsätzlich hart bis an die Grenzen des Erträglichen gearbeitet. Das demonstriert der Antrag,

---

[9]Aus dem Protokoll der Mitgliederversammlung vom 6.2.1999.

den am 20. Juli 1998 der Leiter Stefan Burmeister an den Vorstand des Vereins richtet. Er weist sehr deutlich die angespannte Mitarbeitersituation aus, die er aufmerksam und fürsorglich zu mildern sucht:

„Liebe Schwestern und Brüder, hiermit bitte ich Euch, auf der Sitzung über folgende Maßnahmen für unsere Mitarbeiter zu beraten:

1. „Dorle[10] hatte schon 80 Überstunden, sie ist meist von 8.15 bis 15 oder 16 Uhr da. Sie selbst meint, daß sie zukünftig aber mit 25 Std. pro Woche auskommen würde, zur Zeit werden ihr 20 Std. bezahlt.

2. Willi[11] bekommt Arbeitslosengeld und arbeitet seit langer Zeit ehrenamtlich für uns, fast immer ganztags. Er hat ein monatliches Dankeschön von 3-400 DM verdient (soviel neben seinem Bezug erlaubt ist).

3. Wie können wir den Differenzbetrag von DM 600 für Tadeus[12] abwickeln?

4. Heiner, Gerd und Peter...[13] sind ab 28. Juli wieder ohne „Anstellung", wir brauchen aber noch ca. vier Wochen auf dem Bau. Auch ihnen würde ich gerne ein

---

[10]Mitarbeiterin in der Verwaltung
[11]Willi S., ein erfahrener, sehr hilfsbereiter Buchhalter, der seit längerem arbeitslos war und bei uns als ehrenamtlicher Mitarbeiter diente.
[12]Tadeus K., ein Pole, der aufgrund seiner PC-Erfahrung eine tragende Rolle in der Redaktion der Jerusalemmer spielte.
[13]Bauhandwerker, die uns beim Umbau des neuen Café Jerusalem in der Bahnhofstraße halfen.

verdientes Dankeschön in Höhe von den erlaubten xx
DM zukommen lassen oder sie auf 640 DM-Basis für
die verbleibende Bauzeit beschäftigen.
P.S.: Diese Dankesgesten haben für mich Vorrang vor
einer Höherstufung meiner Bezüge."

Wir hatten bisher Stefan Burmeister mit seinem Einver-
ständnis weit unter Wert entlohnt, obwohl auch seine
Familie im Wesentlichen von seinen Bezügen lebte. Auch
das mußten wir bessern, und es wurde möglich.

Die Einnahme-Überschuß-Rechnung für 1998 ergab:
Einen Gesamtertrag von 996.431.10 DM und Gesamtauf-
wendungen von 758.340,76 DM. 1998 war ein Spendenre-
kordjahr in der Vereinsgeschichte: 158.328.00 DM an Geldspenden gaben uns Menschen, augenscheinlich, weil wir
das Geld für den Umzug in die Bahnhofstraße und die nötigen Umbauten benötigten. Aber viele auch packten mit an,
und das reduzierte die Kosten erheblich. Und Gott dachte
schon weiter.

Ein schneller dankbarer Zwischenrückblick

Mehr als drei Jahre hatten wir im kleinen Haus mit unseren Gästen leben dürfen. Wir waren bisher von Gott und
den Menschen nie wirklich im Stich gelassen worden. Beeindruckend viele Menschen haben uns mit Geld oder Sachspenden oder dem Geschenk von handgreiflichem Einsatz

geholfen. Wir faßten damals unsere Erfahrung erneut so zusammen:

> Wir sind dankbar für das hohe Maß an Wohl-
> wollen, das unsere Arbeit in der Stadt findet.
> Auch kritische Stimmen haben wir immer als
> Hilfe empfunden. Wir haben die Armen, die
> Disziplinlosen, auch Kriminelle eingeladen, weil
> Gott diese Menschen genauso liebt wie Sie und
> mich. Gott hat uns in nicht wenigen brenzligen
> Situationen beschützt. Unser Café ist ein Haus
> Gottes, und Gott ist sich nicht zu gut, auch hier
> bei den Menschen zu sein, die nicht im grel-
> len Licht des Erfolgs leben. Er hat seine Liebe
> nirgends so leidenschaftlich und radikal gezeigt
> wie am Kreuzesgalgen, an dem sein Sohn Jesus
> Christus alle Schuld dieser Welt sühnte – auch
> meine und Ihre. Was sollte Gott abhalten, im
> Café bei den „Gebrochenen" zu sein?"
>
> Es ging nicht ohne Schmerz: 21 Menschen, die
> Gäste im Café Jerusalem waren, sind in den drei
> Jahren an den Folgen ihrer Schäden – vor al-
> lem Suchtschäden – gestorben. Daß unsere Er-
> fahrungsgeschichte bis in den Tod hinein führt
> und vor dem Tod nicht Halt macht, vermittel-
> te uns Gott exemplarisch beim Gottesdienst in
> der Anscharkirche, als wir Abschied nahmen
> von Daniel, der an einer Überdosis starb, wahr-
> scheinlich ohne es zu wollen. Da wurde Schmerz

geradezu körperlich fühlbar, aber nicht weniger Glaube an Jesus Christus, der den Tod überwunden hat und jedem, der glaubt, den Himmel öffnet. Es war in aller Schwäche ein Auferstehungsfest. Hier waren wir bei Jesus in der Tiefe hoffend und glaubend Familie Gottes, Gemeinschaft der verlorenen Söhne und Töchter Gottes, denen Jesus das Vaterhaus Gottes wirklich, und das heißt, den österlichen Himmel eingeschlossen, öffnet.

1999 Neubeginn, aber in Kontinuität

Wieder Zahlenspiele

Zahlen bilden zwar allenfalls die Oberfläche von sozialer Wirklichkeit ab, schärfen aber oft den Blick. Einige Zahlen aus der Mitte des Jahres:

- Täglich wurden 70 - 100 Gäste mit einer warmen Mahlzeit versorgt, und etwa 50 erhielten ein Frühstück;

- das Möbellager erzielte von Januar bis April 1999 durchschnittlich Einnahmen von etwa 7.500 DM. Ca. 56 Mitarbeiter, darunter 12 ABM-Kräfte sind dort beschäftigt;

- die Zeitung „Der Jerusalemmer" wird etwa 2.500 mal im Monat von 8 - 17 Verkäufern verkauft.[14]

1999 hatte unser Haushalt – und das zeigte zugleich die Belastung der drei tragenden „Vereinssäulen" aufgrund der von der öffentlichen Hand geförderten Arbeitsplätze – insgesamt ein Volumen von rund 1,5 Millionen DM erreicht. Der Löwenanteil wurde abgedeckt durch das Arbeitsamt, das Land Schleswig-Holstein und das Sozialamt der Stadt Neumünster. Der Eigenanteil des „CJ" betrug nur rund 70.000 DM. 25 der 56 Mitarbeiter waren fest angestellt. Es ist leicht zu verstehen, daß dieses Haushaltsvolumen hinreichendes kompetentes Büropersonal und eine angemessene Büroausstattung erforderten.

Noch wichtiger als die angemessene Verwaltungsstruktur war jedoch die kompetente Leitung der in Arbeit gebrachten Mitarbeiter. Der Mangel an Mitarbeitern, die von unserem christlichen Leitbild geprägt waren und über sozialpädagogische Leitungskompetenz verfügten, überforderte und erschöpfte Stefan Burmeister, den Gesamtleiter, und es entstanden vor allem im Möbellagerbereich Verhältnisse, die wir kaum verantworten konnten. Zunehmend deutlicher wurde die Überlastung des Leiters wahrnehmbar. Schon in die Vorstandssitzung vom 11.10.1999 hatte Stefan B. den Antrag eingebracht:

„Der Verein braucht in Ergänzung zu und als Entlastung für Stefan Burmeister einen ge-

---

[14]Vorstandsprotokoll vom 3.6.1999.

> schäftsführenden Mitarbeiter, der die Vertretung
> des Vereins in Gesellschaft und Politik mitträgt
> und geschäftsführend und strukturierend neben
> Stefan Burmeister dafür steht, dass der Verein
> seinen Aufgaben und Zielen gerecht wird. Ste-
> phan Burmeister selbst fühlt sich gerufen, seiner-
> seits Schritte in Richtung auf eine ‚Gemeinde der
> Armen' zu gehen und hat im Hinblick auf ein
> solches Projekt Gespräche mit Propst Jürgensen
> geführt."

In diesem Zusammenhang macht Stefan Burmeister darauf
aufmerksam, daß längerfristig seine Nachfolge als Leiter
der Gesamtarbeit geregelt werden müsse.

Er wolle sich zwar nach Ablauf der Aufbauphase nicht
aus dem Missionswerk zurückziehen, habe aber den Eindruck, daß er sich im Rahmen unseres Glaubenswerkes
wieder stärker in den geistlichen Bereichen unter dem
Leitwort „Gemeinde der Armen" engagieren solle. Er hatte
inzwischen von unserer lutherischen Landeskirche die auf
das Café Jerusalem eingeschränkte Erlaubnis erhalten, selb-
ständig an Stelle eines ordinierten Pastors den Gottesdienst
und das Abendmahl zu feiern. Darüber hinaus wolle er
gern mit seiner Familie auf einem Resthof im Rahmen der
CJ-Arbeit eine therapeutische Wohngemeinschaft bilden,
die mit willigen Café-Gästen arbeiteten könne.

Es hatte sich gezeigt, daß sowohl in dem Arbeitsbereich
„Möbellager" wie auch dem „Zeitungsprojekt" chaotisie-

rende, sich geordneter Kontrolle entziehende Zustände entstanden waren, die sich nicht verantworten ließen. Wir beschlossen, bis Februar 2000 zu prüfen, ob wir wirklich fähig sind, die „Arbeit" gewährenden Bereiche „Möbellager" und „Zeitungsprojekt" im Rahmen des Gesamtwerks organisatorisch und auch in ihrer geistigen Ausrichtung den Zielen unseres Leitbildes entsprechend zu konsolidieren.

In der Mitgliederversammlung vom 19.2.2000 stand die am Vereinsleitbild gemessen unbefriedigende Ausrichtung und Gewichtung der Arbeitsbereiche des Vereins im Blick. Der missionarische Auftrag und seine sozialdiakonische Konsequenz waren im Gewicht ihrer Ansprüche an Zeit und Kraft erheblich aus dem Gleichgewicht geraten. Wir machten uns die Situation klar und definierten die daraus folgenden Handlungszwänge:

- Kernbereich muß das Café als niederschwelliges geistlich-diakonisches Gasthaus bleiben, in dem Jesus als der Ton angebende Gastgeber erfahrbar ist.

- Problematisch sind die öffentlich geförderten Arbeitsräume Möbellager und Straßenzeitung. Sie gaben zwar Menschen mit erheblichen Leistungsdefiziten Würde durch Arbeit; die Kosten wurden durch öffentliche Mittel aufgebracht. Sie wurden aber hinsichtlich des zunehmend komplizierter werdenden Verwaltungsaufwands, der notwendigen geistlich und sozialpädagogisch qualifizierten Anleitung und der gutachterlichen Begleitung eine Belastung, welcher der Verein mit seinen bisherigen Kapazitäten nicht mehr gerecht werden konnte.

- In unzumutbarem Ausmaß waren Stefan Burmeister, Angela Burmeister und Christa Marklin durch den Sektor „Arbeit" belastet. Weil sie im Wesentlichen allein über die notwenigen Kompetenzen verfügten, trugen sie hier die Hauptlast.

- Zwei Möglichkeiten boten sich an: Die Abgabe des Möbellagers und der Straßenzeitung an einen potenteren Träger (z.B. Diakonie). Stefan Burmeister hatte inzwischen Vorgespräche aufgenommen. Oder aber die Einstellung eines sozialpädagogisch und betriebswirtschaftlich kompetenten Mitarbeiters, der wirklich entlastend Leitungsverantwortung im Geiste unseres Leitbildes übernimmt.

- Der Verein votierte dafür, die Arbeitsbereiche Möbellager und Straßenzeitung nicht abzugeben, sondern in Einstellungsgespräche mit möglichen Bewerbern einzutreten.

- Nach der bedrückenden Erfahrung mit O.B. 1997 waren zwei Jahre verstrichen, und nichts Entscheidendes war geschehen. Jetzt standen wir vor einem unaufschiebbaren Entweder-Oder. Wir schrieben die Stelle aus, und es gingen sechs Bewerbungen ein, unter denen sich aussichtsreiche zeigten.

- Der Allianzkompatibilität eines Geschäftsführers maßen wir großes Gewicht bei. Fritz Krämer und Klaus

Matthiesen versuchten zusätzlich, in Allianzkreisen Bewerber zu finden. Zum Vorstand sollten zu Einstellungsgesprächen die Vereinsmitglieder Klaus Matthiesen und Fritz Krämer hinzugezogen werden. Die geeignet erscheinenden Bewerber wurden eingeladen.

• Stefan Burmeister äußerte den Wunsch, sich weithin oder ganz aus der Geschäftsführung zurückzuziehen und Seelsorger und Hirte einer „Gemeinde der Armen" sein, um mit ihnen im Café Christus in der Gestalt von Wort und Brot und Wein zu teilen.

Natürlich Gottesdienst – mit Altar

Stefan Burmeister hatte ein Gefühl dafür, daß das Café Jerusalem nicht allein profaner Gast-Raum und auch nicht vor allem diakonische Sozialstation sein sollte, sondern daß es seinem Wesen nach „Kirche Gottes" und damit heiliger Raum ist, denn wir glauben Christus hier anwesend. In eine Kirche gehört eigentlich von Anbeginn mindestens genau so ein Altar, der Tisch, an dem Gott und Mensch vereint das Mahl der Versöhnung feiern, wie die Kanzel, von der das Wort erklingt. Gott wird „im Geist und in der Wahrheit" (Joh 4,23) gefeiert, dies aber mit Leib, Geist und Seele, also leibhaftig, auch mit geheiligtem Essen und Trinken – auf seinem Höhepunkt – im heiligen Abendmahl. Dies urchristliche Ziel ist in unserer säkularisierten Welt und sakramental schwachen Kirche wohl schwer zu erreichen, darf aber um eines belastbaren Glaubens willen keineswegs ausgeschlossen sein.

Im September 1999 beantragte Stefan B., an der Glaswand des großen Saals, die dem Eingang Licht gibt, ein Podest zu errichten und darauf einen Unterbau für einen von seiner Schwester gefertigten und gestifteten Altaraufsatz einzubauen. In eine Kirche gehören auf den Altar der Kelch und der Brotteller, von denen her wir Christen die Liebe Gottes leibhaftig schmecken. Aber auch das deutende Bild als sichtbares Symbol vor Augen ist Hilfe, Gottes Gegenwart wahrzunehmen. Christel Burmeister-Gronau, kunstbegabte Töpferin, schuf auf Stefans Bitte hin einen herausfordernden Altaraufsatz, in dessen stilisiertem Kreuz drei in einander liegende Kreise die Liebe symbolisieren, die den Dreieinen Gott erfüllt und den Vater und den Sohn und den Heiligen Geist in tiefer personaler Liebe wechselseitig verbindet und sich in Gestalt von vielen kleinen Kreisen in die Welt hinein verbreitet. Vielleicht eine allzu anspruchsvolle abstrakte Bildgestaltung. Wer sich, angeleitet, Zeit nimmt, sieht auf den ersten Blick verwirrendes Gewirr von gebogenen emaillierten Eisenstreben, aber dann formt sich bei längerem Anschauen aus diesem Gewirr ein sprechendes Bild, das den oft unheimlichen Gott als liebendes Evangelium verkündet. Gerhard Burmeister, Stefans dem Café von Anfang an verbundener Bruder, schrieb einfühlsam zur abstrakten Altarform-Symbolik:

„Hier ist gut in Symbolen zu sehen, wie beide,

> Gott, der Vater, und Jesus, sein Sohn, sich liebko-
> sen, sich küssen, so wie in Jesu Gleichnis der Va-
> ter seinen verlorenen, heimgekehrten Sohn (Lu-
> kas 15). Die beiden inneren Kreise blau[15] und
> bunt sind miteinander zusammengebrannt und
> verbunden. Sie sind Eins, daraus steigt der Hei-
> lige Geist in konzentrischen Kreisen aus der Mit-
> te des Kreuzes, über die Apostel ausgegossen,
> kreisförmig in alle Welt. Es ist die Liebe vom Va-
> ter zum Sohn und umgekehrt."

Das Café Jerusalem war von Beginn an Gottesdienst. Hier diente Gott den Menschen: Den Helfern, indem er in ihnen Liebe und Dienstbereitschaft freisetzte, und gewiß nicht weniger den ausgegrenzten, oft verachteten, verletzten, der Heilung bedürftigen Gästen, indem er, der heilige Gott, sich abmühte, sie, die in jeder Hinsicht Armen und Deklassierten, in die Freiheit des Gotteslobes hineinzulocken. Gottesdienst sollte die sozialdiakonische Arbeit sein, und Gottesdienst war das missionarische, Glauben vermittelnde Ziel im Café Jerusalem. Wir wissen aus Lebenserfahrung: Keinem Menschen, der Gott verfehlt, ob gesellschaftlich gescheitert oder etabliert, ist grundlegend geholfen, wirklich zu leben. Leben ohne Gott ist grundsätzlich abgebrochen, und das wird früher oder später auch erfahrbar, spätestens im unvermeidlichen Tod.

Stefan Burmeister begann die Tagesarbeit regelmäßig morgens mit einer Andacht, die von Gästen und Mitarbei-

---

[15] Auf dem Foto leider nicht deutlich genug.

Abbildung 3.1.: Altaraufsatz mit Kelch und Patene,
entworfen und gestaltet von
Christel Burmeister-Gronau

tern durchaus wahr- und meist höflich, aber nicht selten auch aufmerksam aufgenommen wurde. Gottes Wort, vermittelt durch Stefan Burmeister, gab den Dienst- und Mitarbeiterbesprechungen ihre geistliche Ausrichtung. In den Festen unserer Einrichtung, die Stefan Burmeister und nach ihm Andreas Böhm organisierten, erfuhren wir zusammen mit unseren Gästen nicht selten die Freude stiftende Gegenwart Gottes. Mitarbeiterfreizeiten hatten immer wichtige geistliche Schwerpunkte. Die Seelsorge ist ein unverzichtbarer Teil unserer Arbeit. Trauerfeiern für verstorbene Gäste unseres Café Jerusalem waren Auferstehungs-Gottesdienste, und manche unserer Teilnehmer erfuhren bewegt, daß Gott doch da ist – auch im Leid. Für all dies standen Tag für Tag Stefan Burmeister und nach ihm Andreas Böhm und die glaubenden Christen aus den Gemeinden, die das Café zu einem gewichtigen Teil ihres eigenen geistlichen Lebens gemacht hatten, weil Gott sie rief. Weil es nicht gelang, unsere Gäste in bestehende Gemeinden zu integrieren – sie blieben dort leider zu fremd –, gewann Stefan Burmeister, vermittelt durch den Neumünsteraner Propsten[16] und mit dem Segen des katholischen Dechanten, vom Bischof für Holstein das Recht, im Café (*pro loco und pro tempore*[17]) Gottes Wort in Gottesdiensten zu verkündigen und die Abendmahlsfeier zu leiten. Er begann im Jahre 2000 mit sonntäglichen Abendmahlsgottesdiensten im Café. Leider brach dieser

---

[16]Vgl. u.a. Protokoll der Vorstandsitzung vom 11.10.1999.
[17]Für das Café und auf Zeit.

mehr geahnte als leibhaftig erfahrene Weg in die geheiligte Leibhaftigkeit des Glaubens bald nach Stefan Burmeisters Ausscheiden ab – vielleicht, weil wir das Gewicht leibhaftig eß- und trinkbarer Heiligkeit selbst nicht hinreichend erfuhren und angemessen gestalten konnten oder wollten, oder vielleicht auch, weil wir – gewiß nicht ohne Grund – die gotteslästerliche Profanierung des Heiligen im Kreis unserer Gäste fürchteten. Wir kamen nicht auf das seit Jesu Auferstehung naheliegende Jesus-Konzept, das Heilige Abendmahl verbindlich und regelmäßig als wöchentliches Zentrum des glaubenden Mitarbeiterkerns zu feiern. Die sakramentale Schwäche blieb, wie ich inzwischen überzeugt bin, ein geistliches Defizit auch unserer missionarischen Sozialarbeit.

Noch 2002 betonte Angela Burmeister in der ersten Vereinssitzung 2002 in der Diskussion der Vereinsmitglieder, wie wichtig die Gottesdienste „auch (und gerade) für die Mitarbeiter sind."[18] Die Teilnahme am Gottesdienst nahm ab, und weil sich am Ende nur noch 2 oder 3 Teilnehmer am Sonntagabend einfanden, faßte der Vorstand 2003 den Beschluß, die Gottesdienste am Sonntagabend einzustellen. [19] Andacht, Gebet und Verkündigung wurden in der Café-Geschichte nie vergessen.

---

[18]Protokoll der Mitgliederversammung am 12.1.2002.
[19]Protokoll des Vorstands vom 20.2.2003.

Der Bibelgesprächs- und Gebetskreis

1998 begann sich dienstags von 19-20 Uhr neu ein Kreis von Mitarbeitern und Gästen zum Gespräch über die Bibel und zum Gebet zu treffen. Einen verläßlichen Kern, um den sich Gäste trafen, bildeten durch die Jahre hindurch Wilfried Heymann, Oliver Sievers, Gerhard Burmeister, der die Gitarre mitbrachte, und Alli Omnitz, alle betend und arbeitend hoch engagiert im Café. Gerhard Burmeister hielt später aus der Erinnerung fest: „Wir waren in der Regel im Mittel 9 Leute und 6 Gäste. Früher bei Stefan waren es mehr, weil der Übergang von der Cafézeit zur Bibelstunde ohne Pause verlief, die Leute mußten nicht ein zweites Mal kommen, dazu waren sie zu träge. Stefan leitete damals zu seiner Zeit den Lobpreis, ich später bei Andreas."

Feste im Café Jerusalem

Keine Familie kann lebendig ohne Feste leben; eine Gesellschaft auch nicht. Auch Christen nicht. Christen können sich kein Leben ohne Weihnachten vorstellen, Muslime nicht ohne das Fastenbrechen. Das Bedürfnis zu feiern, hat Gott dem Menschen in die Seele gebrannt. Im „CJ" sind es vor allem das Sommerfest und die Weihnachtsfeier, beides Höhepunkte des Jahres. Beide schweißtreibend in der Vor- und Nachbereitung, beide voller Freude, wenn sie stattfinden mit ihrem festlichen Gedränge und dem fröhlichen Essen und Trinken. Beide gehörten von Anfang an zum Programm des Café Jerusalem. Auch das alte Jerusalem der Bibel war eine heilige Stadt, in der der Mensch feierte, weil er die Freude, die Gott schenkt, in sich aufsog, um wieder erfüllt an die Arbeit des Alltags zu gehen.

Sommerfeste

Das erste Sommerfest 1995 fand statt auf dem Hof in der Kaiserstraße. Seit wir in der Bahnhofstraße leben und arbeiten, feiern wir fast immer auf dem Möbel-Schulze-Parkplatz in der Fabrikstraße, der an unser Café grenzt.

Immer aber waren die Feste zunächst auch Kraftakte, die unsere Mitarbeiter an ihre Grenzen führten. Und sie gelangen. Aufgrund der finanziellen Lage und des Mangels an geeigneten Mitarbeitern hatten wir allerdings das Sommerfest 2011 schon frühzeitig aus der Jahresplanung gestrichen. Dies wäre das erste Mal in der Geschichte des Cafés geschehen. Daß es dazu nicht kam, lag am beeindruckenden Engagement der Mitarbeiter der Deutschen Bank aus der Filiale Neumünster. Sie hatten nach dem „Hilferuf" des Cafés angeboten, finanziell zu helfen und waren für das Fest bereit, als „CJ-Mitarbeiter" unseren Gästen zu dienen. Diese „Banker" waren ein unvermutetes Geschenk, das uns erlaubte, das Sommerfest trotz unserer Schwäche dennoch zu feiern.

Am 27. August 2011 füllte sich das Fest mit Cafégästen, Spendern, Freunden, Mitbürgern und einer bunt gemischten Mitarbeiterschar – darunter die „Banker", jetzt Mitarbeiter des Cafés.

Ein Fest besteht nicht nur aus den vier Stunden gemeinsamer Feier-Zeit, sondern aus vielen Stunden der Vor- und Nachbereitung mit Auf- und Abbau. Da viele Mitarbeiter des Cafés Pensionäre, manche hoch im Pensionsalter sind, war der Kraftakt eines solchen Festes immer mit erheblichen Opfern verbunden. Hier war Hilfe zur rechten Zeit gekommen, und der Bank hat es gewiß nicht geschadet. Malu Schulze beschreibt das Fest in einer persönlichen Mind-Map aus Mitarbeitersicht wunderbar lebendig. Ich zitiere:

„10:00 Uhr: Auf dem Parkplatz sieht es mittlerweile ein bisschen wie auf einem Ameisenhaufen aus. Alle rennen geschäftig durch die Gegend, sortieren Zeltstangen, Planen, Mülleimer, Bänke, Tische, Technik, Bücherkisten, Redaktionsartikel, kehren den Fußboden, hängen Hinweisschilder auf, improvisieren neue Zeltkonstruktionen, dekorieren Tische, stellen den Grill auf, schließen den Ofen an, parken Autos und Fahrräder um... Wie schön, dass wir viele Helfer haben. Die Mitarbeiter der Deutschen Bank sind nicht nur nett und freundlich, die können sogar richtig anpacken und haben gute Laune! Nanu, und wo kommen diese ganzen anderen jungen Menschen her? Ach, das muss die Unterstützung aus der Jugendgruppe aus der Kirche in Großenaspe sein! Die sind ja noch ganz schön jung; ob die wohl richtig mit anpacken?

Ja!!! Nachdem sie Aufgaben bekommen haben, reihen sie sich brav in das Gewusel mit ein und sind eine prächtige Unterstützung! Yes we can!...

12:00 Uhr. So langsam nimmt das Ganze Form an. Die Zelte stehen und sind weitestgehend eingeräumt und nahezu startklar. Jetzt regnet es wie aus Eimern. Naja, wenigstens können wir uns im Zelt unterstellen. Eine kleine Pause ist auch nicht schlecht. Oh nein, die Lautsprecher werden nass. Schnell weiter rein ins Zelt mit der Technik. Wasser, Wasser... hört das denn gar nicht auf?...

Die Sonne hat sich wieder durchgesetzt. Juhu, wir können weiter arbeiten. Mann, sehen die Kuchen lecker aus! Aber um diese Zeit wäre mir jetzt eigentlich was Deftiges lieber. Mein Blutzuckerspiegel ist weit unten. Jemand nimmt sich fürsorglich meines jämmerlichen Zustandes an und versorgt mich mit Essen. (Danke, Hannelore!)...

Viele sind heute sehr dankbar für leckeres Eis, guten Kuchen, Fisch, Salat, Grillfleisch, Würstchen, Kaffee und andere gute Getränke. Ich führe einige Gespräche mit Menschen, die froh sind, heute hier sein zu können. ‚Den ganzen Nachmittag alleine rumsitzen ist doch nichts... Schade, dass meine Kinder nicht hier sind', sagt mir eine ältere Dame. ‚Aber so bin ich ja heute auch nicht alleine. Hier sind alle so nett und das Essen

ist so gut! Und im Zelt wird man ja nicht nass...'
Es bleibt nicht das letzte Gespräch dieser Art.
Okay, es hat sich wirklich gelohnt, heute früh
aufzustehen. ‚Danke Gott, für diese Begegnungen und die vielen verschiedenen Menschen, die
heute hier Anschluss finden konnten.'"[20]

Gerade das Sommerfest 2011 beschenkte uns mit einer ganz
besonderen, positiven Stimmung. Die verschiedenen Teams
zogen einmütig an einem Strang.[21]

Ein Höhepunkt in 20 Jahren „Sommerfest" war natürlich
das Jubiläum auf dem Großflecken, also in der Mitte der
Stadt. Das Ordnungsamt hatte uns den Platz eingeräumt.
Zahllose Mitarbeiter waren es, die für die vielen Festbesu-
cher „auf- und abgebaut, saubergemacht, gekocht und ge-
braten, Essen ausgeteilt, moderiert, Stände betreut, Bücher
verkauft, Mülltonnen, Sonnenschirme, Bänke, Stühle und
Tische aufgestellt, Kabel und Wasserschläuche verlegt, Mu-
sik gemacht, Modenschau organisiert, Müllmode angeprie-
sen, Fische präsentiert und filetiert oder die Torwand betreut haben. Nicht alle haben die lila Café-Shirts der Mitarbeiter getragen: Viele fleißige Hände, darunter auch Gäste
des Cafés, haben bis zum Schluss mitgeholfen, dass es ein
super Tag wurde", so wieder Malu Schulze.[22] Die Gesamt-

---

[20]https://www.cafe-jerusalem.org/aus-meinem-mindmap-zum-
sommerfest/
[21]Vgl. Jahresbericht 2012, S. 11; Jerusalëmmer Nr. 111, 2011, S. 12.
[22]Jerusalëmmer Nr. 128, 2014, S. 15.

kosten von etwa 10.000 € wurden weitgehend durch Sach-
und Geldspenden gedeckt.[23]

Unsere Weihnachtsfeiern

Ein zweiter Höhepunkt im Jahr ist immer wieder die Weihnachtsfeier. An der Feier 2011 nahmen etwa 80 Menschen
teil. Eine Teilnehmerin beschreibt im Jerusalëmmer die
Stimmung: „Es war meine erste Weihnachtsfeier im Café Jerusalem. Die Zeit hat sich gelohnt. Ich habe mit einigen sehr
interessanten Menschen gesprochen, habe gut gegessen und
hatte Spaß. Doch vor allem habe ich selbst erleben können,
mit wie viel Liebe und Selbstlosigkeit den Menschen dort
im Café begegnet wird. Das war gelebte Nächstenliebe,
und während draußen der Schnee fiel und es drinnen nach
Clementinen, Tanne und Kerzen roch, wurde mir klar: Für
diese zwei Stunden hatte es keine Unterschiede gegeben.
Selbstgebackener Stollen und Plätzchen, Kaffee und Punsch
waren für alle da, es wurde gemeinsam gegessen und
getrunken, zugehört und gelacht. Für diese zwei Stunden
war die Grenze zwischen Sponsor und Gast, zwischen dem
Gebenden und dem Nehmenden verwischt. Und irgendwie
haben wir alle davon profitiert."[24]

Unter der Überschrift „Ein Stück Nähe in der dunklen
Jahreszeit – Hand in Hand für andere" beschrieb der Hol-

---

[23]PV vom 9.9.2014.
[24]Jerusalëmmer Nr. 112, 2012, S. 24.

steinische Courier am 12. Dezember 2016 die Weihnachtsfeier.

„Eine bunte Gesellschaft traf sich am Sonnabend-
nachmittag im Café Jerusalem zu einer gemeinsamen
Weihnachtsfeier", schrieb die Courier-Journalistin und
zählte rund 140 Gäste aus allen sozialen Bereichen der
Gesellschaft, die in die Bahnhofstraße gekommen waren.
Hier finden die Obdachlosen, die Suchtgefährdeten und
anderen Menschen vom Rande der Gesellschaft kostenlose Mahlzeiten und vor allem auch einen geschützten
Raum, in dem Mitarbeiter ihnen ein offenes Ohr bieten.
Es beeindruckte die Pressefrau, wie freundlich die 40
überwiegend ehrenamtlichen Mitarbeiter die Gäste an der
Tür empfingen, für die Garderobe sorgten und aufmerksam
darauf achteten, daß die Kaffeetassen voll waren und
leckeres Gebäck nicht ausging. „Hier sitzen Unterstützer
aus Politik und Wirtschaft neben unseren regulären Gästen,
man sieht nicht Groß und Klein. So wie auch zur Geburt
Jesu Könige neben Hirten in dem Stall knieten", beschrieb
Pastor Hübscher, der erste Vorsitzende des Vereins, das in
der Weihnachtsfeier sich verwirklichende Leitbild des „CJ".

Die Journalistin ließ die weihnachtliche Stimmung auf
sich wirken: „Im adventlich dekorierten Raum saßen alle
an langen Tischen, hörten Weihnachtslieder vom Bok-
horster Posaunenchor, folgten der Andacht von Pastor
Klaus Matthiesen und der Weihnachtsgeschichte, die die
Ehrenamtliche Christina Riewesell vortrug." Der Leiter
Andreas Böhm erklärte, wie sie festhielt: „Wir haben täglich

zwischen 80 und 150 Gäste, Ende des Monats, wenn das Geld knapp wird, kommen immer mehr Menschen. Und gerade in der dunklen Jahreszeit und zu Weihnachten, wenn traditionell die Familie enger zusammenrückt, suchen die Leute hier Nähe". „Etwa 25.000 Mahlzeiten", notierte sie, „verteilen die Mitarbeiter im Jahr." In Hannelore Sell, die seit der ersten Stunde vor 23 Jahren – von einer Pause unterbrochen – mitarbeitet, nahm die Journalistin etwas von dem wahr, was dem Café Jerusalem seine Stärke verleiht: Verläßliche Menschen, die bereit sind, sich um Gottes und des Nächsten willen mit Kopf, Herz und Hand einzubringen. „Zwei Tage in der Woche arbeitet sie je acht Stunden ehrenamtlich in der Küche – und zwar nicht zum Zeitvertreib: ,Ich habe zu Hause genug zu tun. Es ist eine Aufgabe, die aus meinem Glauben entsteht. Ich möchte für Menschen da sein, die ein gemütliches Zuhause suchen und hier eines finden. Den Menschen tut es gut, hier zu sein.'" Am Ende bemerkte die Beobachterin die 25jährige Managerin der Holsten-Galerie unter den Gästen, die sich als Unterstützerin des Cafés bekannte und dankbar lobend in die Atmosphäre eingetaucht war: „Ich bin jetzt endlich in Weihnachtsstimmung."

Die Feste des „CJ" lassen Menschen mit ihren diversen Lebensgeschichten mindestens ahnen, daß es die Freude des Himmels gibt, die Gott den Menschen gönnt. Hier wächst Sehnsucht nach mehr und nicht selten nimmt der eine oder die andere den ersten oder den zweiten Schluck aus dem Becher des Heils, und im Himmel bricht Jubel auf.

Endlich effektive Verstärkung
Zwei Fachfrauen

Im Jahre 2000 endlich bahnte sich eine Lösung für unseren
Mangel an personeller Leitungskompetenz an.

Doch zunächst wieder Zahlenspiele

Die Einnahme-Überschuß-Rechnung 2000 brachte einen
Gesamtertrag von 1.442.140,83 DM und einen Gesamtauf-
wand von 1.451.081,52 DM, also eine Unterdeckung von
8.940,69 DM.
Die Spenden betrugen 139.675,17 DM. Der Löwenanteil des
Haushalts bestand also aus Zuschüssen und Zuweisungen
für die staatlich geförderten Arbeitsmaßnahmen. Dieses
Ungleichgewicht – nur 9,7% des Gesamthaushalts waren
gespendet – zeigt, daß der Schwerpunkt unserer Arbeit sich
weit ins Soziale verschoben hatte. Wir standen in der Gefahr,
von den Wurzeln abzubrechen. Unser Bedürfnis, unseren
Gästen durch Arbeit zu Anerkennung und stabilisierendem
Selbstbewußtsein zu helfen, begann zu entgleisen. Um der
Situation wenigstens unter Verwaltungsgesichtspunkten
gerecht zu werden, brauchten wir dringend aufs erste
zusätzliche Büro-Kraft und mehr Büroraum. Weil im Café
selbst konzentriertes, ungestörtes Arbeiten nur schwer
möglich und mehr Raum nicht zu gewinnnen war, mußten
wir Raum hinzu mieten. Wir fanden in der Fabrikstraße
38, also unweit des Cafés, geeigneten Büro-Platz, der die

Situation entspannte und auch abgeschlossenen Raum für die unabdingbaren vertraulichen Gespräche bot.

Jetzt erhielt auch die Schatzmeisterin in Sylvia H. eine die nächsten Jahre verläßlich entspannende Unterstützung. Sylvia H. wurde im Rahmen von Arbeitsbeschaffungsmaßnahmen des Arbeitsamts für 25 Stunden angestellt, sie war geschulte Buchhalterin, und es entwickelte sich schnell ein Stabilität wirkendes Vertrauensverhältnis.[25]

Spätestens seit 1996 wußten wir, daß unser Café-Leiter an der Grenze seiner Kräfte arbeitete. Vor allem er hatte angesichts der vor Augen liegenden Not ein rasantes Wachstum angestoßen, und Vorstand und Verein hatten zugestimmt. Im Jahr 2000 endlich gewannen wir Beate K.[26] und Sabine W.-S.[27] zur Unterstützung. Sabine W.-S. war Sozialpädagogin, Beate K. dipl. Heilpädagogin mit Zusatzausbildung in Sozialmanagement. Beate K. übernahm in einer Vollzeitstelle die Geschäftsführung der Gesamteinrichtung[28], Sabine W.-S. mit halber Stundenzahl vor allem den Schwerpunkt Möbellager.[29]

Stefan Burmeister beabsichtigte nach Einarbeitung der

---

[25]So u. a. Protokoll der Mitgliederversammlung vom 27.5.2000.

[26]Vom 17.4.2000 bis 31.1.2002

[27]Vom 20.3.2000 bis 31.3.2005

[28]Vorstandsprotokolle vom 14.6.2000 und 25.10.2000: Mitteilung an das Arbeitsamt, daß Beate K. den Verein vertritt.

[29]Protokoll der Mitgliederversammlung vom 27.5.2000.

neuen Mitarbeiterinnen ab Herbst seine Arbeitszeit auf 20 Stunden zu reduzieren und sich auf Verkündigung und Seelsorge zu konzentrieren. Er plante ab Herbst regelmäßige Gottesdienste und Andachten im Café Jerusalem. Er sah darin einen wichtigen Schritt hin zu einer „Gemeinde der Armen", um mit ihnen an Jesu Tisch das Heilige Abendmahl zu feiern. Stefan Burmeister sehnte sich danach, daß die biblische Verheißung „Gott und Mensch an einem Tisch vereint" leibhaftig zu werden beginnt.[30]

Um den Überblick präziser zu behalten, beauftragte der Vorstand Beate K., einen Wochenplan mit genauer „Beschäftigungs-, Abwesenheits- und Urlaubsübersicht" für die tragenden und leitenden Mitarbeiter zu erstellen.[31]

Das „CJ" in seinem siebenten Jahr

Am 17.4.2001 hatten wir über die Arbeitsbeschaffungsmaßnahmen des Staates mit Rainer A. einen sehr hilfreichen und zuverlässigen Mitarbeiter gewonnen, der dann mit Unterbrechungen in jeweils verlängerten Verträgen 17 Jahre lang bis 2018 bei uns blieb. Reiner A., ein kritischer Geist mit Erzieherausbildung, trat mit bizarrer Hahnenkamm-Frisur bei uns auf und wurde ein zukunftsträchtiger Gewinn.

Erneut drohten finanzielle Unsicherheiten von Seiten des Staates durch Kürzung der Landesmittel, und darin zeigten

---

[30]U. a. Protokoll der Mitgliederversammlung vom 27.5.2000.
[31]Vorstandsprotokoll vom 14.6.2000.

sich erneut die Risiken unseres Programms „Würde durch Arbeit", das voll und ganz an der staatlichen Finanzierung hing, und uns durch seine Größe überforderte. Unser missionarischer Kernauftrag, Zeugen Christi für Arme zu sein, verschwand fast ganz in der geistlichen Anonymität der Sozialarbeit und fand dort die heilende Sprache des Glaubens zu selten. Der Vorstand hielt am 29.5.2001 im Protokoll erneut fest: „Die missionarische Dimension unserer Arbeit muß zusätzlich zur sozialen verstärkt werden, wie es ja auch unserem Satzungsgrundsatz entspricht."

Unter Stefan Burmeisters Regie hatte unser Café einen rasanten Aufschwung genommen. Wir hatten am Ende bis zu 60 Mitarbeiter in sehr unterschiedlichen Arbeitsverträgen, fast alle aus dem Kreis unserer Gäste, waren aber aus Mangel an sozialpädagogisch qualifizierten christlich geprägten Leitern nicht mehr wirklich imstande, dies Unternehmen verantwortlich und zielgerichtet zu managen. Als sich erste kleinkriminelle quasi-mafiose Strukturen andeuteten[32], wurde uns die Problematik noch einmal schrill bewußt, daß der soziale Aspekt sich längst angeschickt hatte, den geistlichen unseres Auftrags zu ersticken.

Wir versuchten zunächst den Vereinsbereich „Würde durch Arbeit" präziser zu kontrollieren und zu reformieren, waren aber 2002 dann doch gezwungen, zumindest den Möbelbereich behutsam – die Mitarbeiter möglichst schonend – aufzulösen.

---

[32]So Protokoll der Vorstandssitzung vom 28.2.2001.

Rainer A., der von Innen einen tiefen Einblick in die Möbellager-Strukturen hatte, hat uns damals sehr geholfen. In der beherzt zupackenden Sozialmanagerin Beate K. hatten wir 2000 eine fähige Kraft für die Geschäftsführung gefunden. Sie hatte von Stefan Burmeister die Geschäftsführung übernommen.[33] Die Dipl. Sozialpädagogin Sabine W.-S. verstärkte den Leitungskreis für 5 Jahre. Mit Sylvia H. hatten wir eine Bürokraft gewonnen, die mit ihrer Zugewandtheit zu den Menschen und ihren fachlichen Fähigkeiten einer der Stabilitätsanker war – und das bis zu ihrer Pensionierung.

2001 schied Stefan Burmeister nach 7 Jahren hingegebener Arbeit aus. Er war über die Grenzen seiner Kräfte gegangen. In Andreas Böhm schenkte Gott uns einen Nachfolger für Stefan Burmeister, und dessen große, wenn auch ein wenig ausgetretene Schuhe waren, wie sich zeigen sollte, für ihn, Gott sei Dank, nicht zu groß.

---

[33] Vorstandssitzung vom 14.6.2000.

Teil II.

2001-2014
Beschneiden,
um gesunder zu wachsen
Das Café Jerusalem
geleitet von Andreas Böhm

4. BESCHNEIDEN DER WUCHERUNGEN UND VERTIEFENDE PROFESSIONALISIERUNG

2001 - 2005 – Auf Sicht weiter mit Gott

Gottes präzise Fürsorge für seine „Filiale der Barmherzigkeit im Namen Jesu Christi" erfuhren wir erneut, als sich in Andreas Böhm der genau passende Nachfolger für Stefan Burmeister bewarb, und er sofort aus der Bewerbergruppe herausstach. Wir wählten ihn. Nach seiner geistlichen Ausbildung hatte er mit seiner Frau ein intensives Jüngerschaftstraining absolviert und persönlich die Erfahrung gemacht, was es bedeutet, von Spenden zu leben. Er hatte eigentlich eine Gemeinde gesucht, der er als Pastor dienen wollte. Aber Gott schob ihn in unsere, eines neuen Leiters dringend bedürftige „Familie der Armen", wo neben viel Seelsorge und Sozialarbeit, viel Planen, Verhandeln und Konzipieren, auch viel Kochen und Organisieren, aber wo nötig auch WC-Desinfizieren und Fußbodenreinigen auf ihn warteten. Er war der stabile „Bruder in Christus", der vor Energie strotzte, und geistlich zur Jüngerschafts-Demut trainiert, sich für nichts Notwendiges zu schade war. Für uns, die in Vorstand und Verein nicht immer auf Glaubens-Abenteuer gestimmten Verantwortungsträger, war Andreas Böhm ein herausforderndes, manchmal auch nervendes, weil glaubensstark, aber eben auch eigenwillig voran stürmendes Gottesgeschenk, dem wir in den Grenzen unseres Glaubens glaubten, bisweilen leichte Zügel anlegen zu müssen.

Seit dem 1. Oktober 2001 leitete Andreas Böhm das Café Jerusalem. Er setzte Stefan Burmeisters Arbeit fort und verstärkte nach einer Beobachtungsphase die geistlichen Akzente neu, die Gott seiner Gründung eingestiftet hat. Wir waren in Gefahr, diese im Sozialen-Humanen in den alltäglichen Geschäften zu verspielen. Seine Priorität legte Andreas Böhm auf geistliche Konzentration und intensivierte Jüngerschaftstrainings für Mitarbeiter. Er stieg in Stefans Stiefel, füllte sie in neuer Kraft aus und verstärkte und weitete sie. Seine Aufgabe für den Beginn bestand vor allem darin, die gewucherten Triebe zu beschneiden, das „Glaubenswerk" in seiner alltäglichen Wirklichkeit neu auf Jesus Christus zu konzentrieren und so geistlich zu konsolidieren. Das war von Anfang an überlastende Schwerstarbeit, die geleistet werden mußte. Denn einerseits ließen sich die Verträge, die wir mit den Arbeits- und Sozialbehörden abgeschlossen hatten, nicht einfach auflösen, andererseits durften wir die Hoffnungen der Menschen mit diversen Defiziten, die bei uns Arbeit gefunden hatten, nicht enttäuschen, und schließlich steigerte der Staat laufend die Anforderungen an die Ergebnisse der Arbeits- und Beschäftigungsmaßnahmen, deren Ziel der „Erste Arbeitsmarkt" war. Wir stellten fest: „Die auf Leistungsmaximierung zielende neue Arbeitsförderungspolitik des Staates steht im Gegensatz zum Auftrag Gottes an den Verein, den Menschen um Christi willen auch in seiner Schwäche anzunehmen und ihm das Leben mit Gott in der Kraft des Heiligen Geistes zu zeigen.[1] Der Staat verstand sich nicht primär als Sozialagentur, sondern als Arbeitsmarktmotor, sein vornehmster Auftrag ist nicht Barmherzigkeit, sondern bestenfalls Gerechtigkeit.

Die Jerusalëmmer eine Erfolgsgeschichte

Auch hier ging Andreas Böhm die bestehenden Schwächen gründlich an, indem er begann, sich in der Redaktion bis hin zum Mac-PC selbst konsequent gestaltend zu engagieren. Weil aber die Fülle der Leitungs- und Kommunikationsaufgaben in der Gesamtleitung sein Zeitfenster für Redaktionsarbeit zunehmend minimierte, suchte er je länger desto mehr kostengünstige professionelle Unterstützung zu gewinnen.

Die „Jerusalëmmer" erfuhr vor allem 2009 eine professionelle Renovierung, die sie im Outfit in die internationale Spitzengruppe der „Straßenzeitungen" brachte. Um mehr Leser zu gewinnen, verbreiterte die Redaktion die Themenpalette, und das Layout verwandelte sich, professioneller gestaltet, in einen „Hingucker".

---

[1]So Protokoll der Vorstandssitzung vom 9.1.2002.

Das Café Jerusalem wurde Ende 2007 Mitglied des „International Network of Street Papers (INSP)".[2] Damit gewannen wir die vielfältigen Vorteile des großen weltweiten Netzwerks und die kostenfreien Angebote bedeutender Agenturen wie REUTERS.

Jedes zweite Jahr werden unter den mehr als 115 Straßenzeitungen, die in der INSP zusammen geschlossen sind, die besten ausgezeichnet. Schon zweimal wurde die „Jerusalëmmer" nominiert. Ein Qualitätsbeweis![3]

Die einzelnen Ausgaben der „Jerusalëmmer" haben durch die renovierte Aufmachung, ihre vielfältigen Inhalte, den thematischen Wiedererkennungseffekt und die Möglichkeit, „über den Neumünsteraner Tellerrand" zu schauen", eine stabilere Käuferschicht gewonnen. Aufgrund der gewachsenen Qualität ist hier durchaus Wachstum auch in der Auflage vorstellbar.

Die Auflage des Straßenmagazins, die z.B. 2011 verkauft wurde, lag leider nur zwischen 780 und 1400 Exemplaren je Nummer der „Jerusalëmmer".[4]

Seit Bestehen der Jerusalëmmer, des ersten Straßenmagazins in Schleswig-Holstein 1995, haben sich aus dem Gästekreis des Café heraus mehr als 60 Straßenmagazin-Verkäufer registrieren und mit einem Ausweis legitimieren lassen. Die Zahl der aktuell arbeitenden Verkäufer war von

---

[2]Protokoll der Vorstandssitzung vom 22.10.2007, Protokoll der Vorstandssitzung vom 15.4.2008.
[3]Jahresbericht 2011, S. 9.
[4]Jahresbericht 2011, S. 9.

Abbildung 4.1.: Titelseite der Jerusalëmmer 2009, Nr. 99.

Jahr zu Jahr sehr unterschiedlich. 2011 arbeiteten von acht aktuell eingetragenen Verkäufern regelmäßig vier.

Einen Quantensprung in der Professionalisierung bedeutete das Angebot, das am 14.11.2011 Dr. Frieder Schwitzgebel unterbreitete. Dr. Schwitzgebel, ein Jugendfreund Böhms aus Jungscharzeiten, betrieb erfolgreich ein Pressebüro in Rheinland-Pfalz. Er bot eine Komplettbetreuung zur Herstellung des Magazins an. Das bedeutete eine radikale Entlastung für Andreas Böhm in diesem Arbeitsbereich. Zusätzlich wurden die Kosten gegenüber dem damaligen Zustand minimiert.[5] Wieder ein unerwartetes Geschenk Gottes?

Fast alle Straßenzeitungen erscheinen monatlich, die „Jerusalëmmer" schaffte es nur sechsmal im Jahr. Das aber macht es den Verkäufern natürlich schwer, ausreichend Geld zu verdienen. Und das wiederum demotiviert. Dies war auch ein Grund für die Redaktion die Produktpalette für die Verkäufer um selbst entworfene Postkarten und attraktive Kalender zu erweitern. Diese Medien, die wir auch für Glaubensanstöße nutzen können, waren immer wieder gerade zu Weihnachten beachtliche Verkaufserfolge. Jahreskalender mit alten Bildern von Neumünster waren binnen weniger Wochen vergriffen.[6]

---

[5]Protokoll der Vorstandssitzung vom 15.11.2011
[6]So den Jahresbericht 2011, S. 9.

Wir konnten als Verein immer einer uns wohlgesonnen unterstützenden Presse dankbar sein. So war die Redaktion des Holsteinischen Couriers beispielsweise 2005 bereit, mit werbenden Berichten beim Absatz der „Jerusalémmer" zu helfen: Im Jahresbericht 2006 heißt es: „Wann immer eine neue Ausgabe der Straßenzeitung auf den Markt kommt, ist der HC bereit, mit einem Extrabericht auf den Verkauf hinzuweisen."

Das Möbellager unser Problemkind

Ein Licht schien aufzuleuchten, als die Sozialpädagogin Sabine W.-S. 2000 die Aufsicht im Möbellager übernahm und wir in Beate K. eine kompetente Sozialmanagerin gewonnen hatten. Hoffnung auch für das Möbellager keimte auf. Aber schon 2001 ließ sich der Verdacht nicht mehr ausräumen, daß sich im Möbellager heimlich nicht nur Mobbing ausgebreitet, sondern „mafiose" Strukturen im Kleinformat unter der Dominanz eines gewalttätigen „Paten" organisiert hatten. Einem Mitarbeiter, dem „Paten" nämlich, mußten wir fristlos kündigen und Hausverbot erteilen. Auch aus einem „Glaubenswerk" läßt sich die Sünde leider nicht ausschließen. Danach kehrte einstweilen Ruhe ein.

Die Dokumentationspflichten der Arbeits- und Geschäftsabläufe bedurften neuer Präzisierung und genauerer Kontrolle. Und wir hatten uns jetzt unter gesteigertem Entscheidungsdruck zu fragen, ob wir dem wuchernd gewachsenen

117

Programm „Würde durch Arbeit" in Zukunft wirklich gerecht werden können.[7]

Schon eineinhalb Monate später zeigte die Säuberungsaktion allerdings erste Erfolge: Beate K. berichtete dem Vorstand von einer befreiten, fröhlichen Atmosphäre im Möbellager.[8]

Aber die Gesamtproblemlage blieb beunruhigend. Am 13.11.2001 hielt der Vorstand im Protokoll fest:[9]

> Nach ausführlicher Diskussion sieht der Vorstand derzeit keine Möglichkeit, das Möbellager über 2002/03 hinaus aufrecht zu erhalten. Zum einen möchte Angela Burmeister in Zukunft auf eigenen Wunsch ihre Arbeit im Café reduzieren. Es wäre somit erforderlich, einen kompetenten Verwaltungsleiter zu beschäftigen. Diesen können wir jedoch bei der nicht vorhersehbaren Entwicklung öffentlicher Zuschüsse zu unseren Gesamtkosten nicht langfristig anstellen. Darüber hinaus bestehen aber Zweifel, ob es zu verantworten ist, so viel Kraft in einen Betrieb zu investieren, den wir letztendlich geistlich und pädagogisch nicht durchdringen. Und weil im April und Mai 2002 diverse Arbeitsverträge auslaufen, müssen wir bis dahin die Entscheidungen fällen. Für den Fall einer Auflösung des Möbellagers

---

[7]Protokoll der außerordentlichen Vorstandssitzung am 28.2.2001.
[8]Protokoll des Vorstands vom 18.4.2001.
[9]Ich gebe es sprachlich leicht bearbeitet wieder.

werden wir versuchen, dieses an andere Träger weiter zu geben, um unseren Gästen die Möglichkeit der Arbeitsbeschaffung weiterhin zu bieten.[10]

Dies bestätigt und begründet der Vorstand in seiner Sitzung am 9.1.2002 ergänzend. Ich zitiere wieder sinngemäß:

1. Es hat sich gezeigt, daß mit einer die Geschäfte der Verwaltung führenden Sozialarbeiterfachkraft das von der öffentlichen Hand gesetzte Aufgaben- Spektrum nicht zu bewältigen ist.

2. Die Einstellung von nötigen Fachkräften, die den Qualitätsanforderungen des Staates entsprechen, hätten zur Folge, dass erheblich steigende Personalkosten in einer Größenordnung von geschätzt bis zu 120.000 DM durch weitere Spenden aufgefangen werden müßten, und das ist völlig unwahrscheinlich.

3. Die auf Leistungsmaximierung zielende neue Arbeitsförderungspolitik des Staates steht im Gegensatz zum Auftrag Gottes an den Verein, den Menschen um Christi willen auch in seinen Schwächen anzunehmen und ihm das Leben in der Kraft des Heiligen Geistes zu zeigen.

4. Dieser Teilrückzug aus dem Projekt „Würde durch Arbeit" ist Qualitätsgewinn durch Kon-

---

[10]So auch Protokoll des Vorstands vom 9.1.2002.

zentration auf unseren ursprünglichen Auftrag, den Menschen die heilende Gemeinschaft Jesu Christi zu bieten.

Beate K.s schwere Erkrankung brachte die Verwaltung unseres bis zu 1.5 Millionen schweren Haushalts erneut in schwere Turbulenzen. Wieder kam uns Angela Burmeister zu Hilfe. Am 29.5.2001 beschloß der Vorstand, auch dieses Mal ihre Fähigkeiten zur Entlastung in der hoch angespannten Verwaltungssituation zu nutzen und sie für die Zeit bis Ende 2001 in ein befristetes Arbeitsverhältnis zu übernehmen. Ihr Aufgabengebiet wurde so definiert: „Weiterführung des Haushaltsplanes, Beschäftigungsmaßnahmen und geordnete Übergabe der Verantwortung für die Verwaltung an die neue Geschäftsführung."[11]

Inzwischen war eindeutig erkennbar und nicht mehr zu verdrängen, daß uns Kraft und Kompetenz fehlten, das Möbellager im Geiste unseres Leitbildes zu führen. Die Fülle seiner organisatorisch-bürokratischen Anforderungen saugten den Verein aus. Die Kräfte, die das Möbellager absorbierte, fehlten im Café, wo wir als Gastgeber im Namen Jesu Christi nicht nur Essen, sondern dialogisch auch Lebens- und Glaubensberatung zu bieten beauftragt sind.[12]

---

[11] Protokoll der Vorstandssitzung am 29.5.2001.

[12] Am 9.1.2002 hielten wir im Vorstandsprotokoll fest: „Dieser Teilrückzug aus dem Projekt ‚Würde durch Arbeit' ist Qualitätsgewinn durch Konzentration auf unseren ursprünglichen Auftrag, den Menschen die heilende Gemeinschaft Jesu Christi zu bieten." Protokoll der Vorstandssitzung vom 9.1.2002.

Am 18.11.2001 beschloß der Verein grundsätzlich, das Möbellager in angemessener Zeit aufzulösen. Als Zeitrahmen faßten wir einen Zeitraum von Ende 2002 bis Mitte 2003 ins Auge.[13]

Warum? Geistliche Irritationen

Inzwischen war Beate K., die sich wunderbar offen in unser vom Glauben bestimmtes Leitbild eingefügt und uns durch ihre zupackende, unkomplizierte Kompetenz zum erstenmal wirklich entlastet hatte, so schwer erkrankt, daß wir gemeinsam mit ihr das Arbeitsverhältnis am 4. Februar 2002 aufheben mußten. An Besserung in angemessener Zeit war nicht zu denken. Gott nahm sie uns und holte sie heim. Es war für viele von uns ein irritierender Schmerz: Warum, Gott? Viele hatten Gott um Genesung gebeten, einige sie bis in den Tod begleitet. Wilfried Heymann, dieser „Vater im Glauben", dessen Herz für Jesus brannte, vor allen war ihr ein Fürbitter und Seelsorger. Gott wollte es anders. Vielleicht hat Gott sie nur deshalb für so kurze Zeit in unser Café geführt, damit wir ihr diese geistliche Gemeinschaft bis in das Sterben bieten konnten. Auch das ist Café Jerusalem – Ort, wo die Hoffnung herrscht, gerade auch die auf das Leben mit Gott, und das nicht nur irdisch, sondern vor allem auch auf ewig versöhnt in alles umfassender Liebe im himmlischen Jerusalem. Das existentiell im Dunkel der

---

[13]Protokoll der Vorstandssitzung vom 13.11.2001.

Not und an der Grenze zur Verzweiflung angesiedelte Café Jerusalem ist in dieser alles entscheidenden Hinsicht der Test der Wirklichkeitsmacht unseres Glaubens, der anders als in der normalen Gemeinde unausweichlich, jederzeit, in jeder Begegnung herausgefordert ist. Gerade darin ist Café Jerusalem eine unvergleichliche Chance für das „Fromme Neumünster".

Dennoch weiter

Wichtig war jetzt wieder die Kompetenz von Angela Burmeister geworden, die zusammen mit Sabine W.-S. die informierenden und klärenden Gespräche über die Auflösung des Möbellagers mit den betroffenen Behörden führte. Im Arbeitsamt wurde die Situationsanalyse, die zu unserer Entscheidung geführt hatte, geteilt[14]. Das Arbeitsamt blieb uns gewogen. Es förderte im Café auch weiterhin:

- 1 SAM-Stelle im Café[15];
- 1 ABM-Stelle für das Büro;
- 1 ABM-Stelle für das Café (Erzieher);
- 1 ABM-Stelle für die Redaktion (Layouter);

---

[14]Protokoll der Vorstandssitzung vom 28.2.2002

[15]Diese Stelle hatte Katrin W. inne, die wir auf Grund ihrer bewährten zentalen Bedeutung für den Bereich „Küche" aus eigenen Mitteln weiter beschäftigen.

- 1 ABM-Stelle für das Café (Küche)

- 1 ABM-Stelle für die Redaktion (kaufmännischer Bereich, Anzeigenwerbung)[16]

Dies ist ein Beispiel für die finanziellen Hilfen, die der Staat uns gewährte, um uns zu entlasten. Sie betreffen den sozialen Teil, der fraglos zu den grundgesetzlichen Verpflichtungen unseres Staates gehört. Solche Verflechtungen, in die unser Glaubenswerk sich hineinbegeben hat, sind aber auch gewiß unter Glaubensaspekten nicht völlig unproblematisch, denn sie können in Wertekonflikten mit dem humanistisch entgleisenden Staat zu Fesseln werden und dem Glauben die ihm eigene Leibhaftigkeit entziehen.

Endgültig aus für das Möbellager

2002 vollzogen wir mit der Aufgabe des Möbellagers einen tiefen Schnitt auf dem Weg zurück zu unseren Wurzeln. Die Presse informierte die Öffentlichkeit unter der Überschrift „Aus für Möbellager des Café Jerusalem". Im Artikel des Holsteinischen Couriers heißt es bedauernd: „Wenn das Möbellager... schließt, werden die dort beschäftigten 32 Menschen nicht einfach nur einen Job verlieren, sondern vor allem ein Stück Lebenshilfe. Denn das Möbellager ist auch ein Ort, an dem die Mitarbeiter jemand zum Reden

---

[16]Protokoll der Vorstandssitzung vom 28.2.2002.

Aus für Möbellager des Café Jerusalem

Das Möbellager des Café Jerusalem an der Altonaer Straße muss zum Jahresende schließen.

Neumünster
Maren Winkler

Wenn das Möbellager an der Altonaer Straße 27 im November schließt, werden die dort beschäftigten 32 Menschen nicht einfach nur einen Job verlieren, sondern vor allem ein Stück Lebenshilfe. Denn das Möbellager ist auch ein Ort, an dem die Mitarbeiter jemanden zum Reden finden.

Trotzdem — der Verein „Missionarische Sozialarbeit der Evangelischen Allianz Neumünster", der sowohl hinter dem Möbellager als auch hinter dem Café Jerusalem und dem Straßenmagazin „Jerusalemmer" steht, muss aufgeben. „Wir sind einfach zu klein im Vergleich zu den großen Wohlfahrtsverbänden. Wir haben zu wenig Personal, um den geänderten staatlichen Förderbestimmungen gerecht zu werden und aus eigener Kraft oder Spendengeldern können wir diese Maßnahmen einfach nicht finanzieren", erklärt Dr. Dieter Müller, erster Vorsitzender des Vereins und früher Pastor in Neumünster.

Ein Stück Lebenshilfe verschwindet: Dr. Dieter Müller, Sabine Wagner-Siebenmächer und Andreas Böhm (alle Mitarbeiter des Vereins v. l.) vor dem Möbellager in der Altonaer Straße, das im November schließen muss. Foto: ms

Von den Änderungen sind die Stellen betroffen, die zu den Arbeitsbeschaffungsmaßnahmen zählen. In Zukunft sollen die Arbeitslosen möglichst schnell in den ersten Arbeitsmarkt zurückgeführt werden. Dazu müssen die Mitarbeiter des Möbellagers so früh und so schnell wie möglich Praktika und Fortbildungen nachweisen, und das können wir nicht leisten, weil uns dafür die Fachleute fehlen", so Dr. Müller, „außerdem können einige den hohen Leistungsanforderungen des freien Wirtschaft auf Grund ihrer personlichen Defizite einfach nicht nachkommen." Hinzu komme, dass in allen drei Einrichtungen 65 Menschen arbeiten, denen etwa sieben Mitarbeiter des Vereins mit Rat und Tat zur Seite stehen. Um den Leuten wirklich bei ihren Problemen helfen zu können, dürfte ein Mitarbeiter höchstens für zwei Leute der drei Einrichtungen zuständig sein", sagt Andreas Böhm, Geistlicher Leiter. Dabei sei zudem die räumliche Entfernung von Café und Möbellager ein großes Problem. „Wir bedauern sehr, dass das Projekt Möbellager gescheitert ist, aber in dem Endeffekt steckt auch die Hoffnung auf einen neuen Anfang", meint Dr. Müller.

Abbildung 4.2.: Pressebericht über Schließung des Möbellagers 2002

finden." Diesen mitmenschlichen Aspekt der Barmherzigkeit allerdings war der Staat mit seinen Arbeitsbeschaffungsmaßnahmen in der Schröder-Ära, die fit für den
Ersten Arbeitsmarkt machen sollten, nicht bereit zu fördern.

Rainer Addicks schrieb in der Jerusalēmmer zum 15-
Jahre-Jubiläum: „Den größten Einschnitt erlebten wir 2002
mit der Schließung des Möbellagers in der Altonaer Straße.
Eine große Zahl von Mitarbeitern, die in verschiedenen von
Stadt und Land geförderten Arbeitsmaßnahmen beschäftigt
waren, z.B. sogenannte 1-Euro-Jobber, Mehraufwandent-
schädigung (MAE), ABM, HzA, Arbeitsstunden statt Strafe,
verloren ihre Beschäftigung. Dem Café fehlte, wie so oft,
das Geld, um dringend notwendige Mitarbeiter für die
Sozialarbeit bezahlen zu können."[17]
Es war offenbar vielen nicht möglich, die Glaubensdimen-
sion unserer Entscheidung zu verstehen. Es lag ja nicht
nur am Geld, sondern mehr am Mangel an tragfähiger,
authentischer, geistlicher „Manpower".

Im Vorstandsprotokoll vom 6.11.2002 war am Ende lapi-
dar festgehalten: „Das Möbellager ist besenfertig zur Übergabe bereit und endet mit einem finanziell noch guten Ab-
schluß."
Weiter hieß es schlicht pragmatisch: „Einer der beiden
LKW soll zum 15.11.02 abgemeldet werden. Andreas Böhm
steht in Verkaufsgesprächen. Der zweite LKW soll für Klei-

---

[17]Jerusalēmmer, Nr. 99, 2009, S. 17.

dertransporte, für die Küche und bei Haushaltsauflösungen beim Verein bleiben."[18]

Ganz wollten wir nicht auf die handgreifliche Hilfe mit Artikeln des täglichen Gebrauchs verzichten, die Menschen gern bei uns bezogen. Daher übernahmen wir als Bruchstück aus dem Möbellager die Kleiderkammer und führten sie in Gestalt eines Lädchens fort. Im Vorstandsprotokoll heißt es:

„Die Kleiderkammer wird als ‚Kleines Frauenprojekt' mit 3 Mitarbeiterinnen aus dem Möbellager am 12.11.02, 10.00 Uhr eröffnet. Der Laden im Hause des Büros in der Fabrikstraße wird ab dem 1.12.2002 gemietet... Folgende Öffnungszeiten sind geplant: Mo./Di. und Do./Fr. vormittags 9-12 oder 13 Uhr."[19]

Andreas Böhm gab damals dem Vorstand – die Lage zusammenfassend – folgenden sehr informativen statistischen Überblick über die verbliebene Mitarbeiterstruktur:

- 13 Personen werden durch Arbeitsförderungs-Verträge finanziert;
- 7 sind Vereinsangestellte; 10 sind MAE[20]-Kräfte;
- 9 Zeitungsverkäufer;

---

[18]Protokoll der Vorstandssitzung vom 6.11.2002.
[19]Protokoll der Vorstandssitzung vom 6.11.2002.
[20]Zusätzlich zum Arbeitslosengeld II wird eine Mehraufwandsentschädigung (MAE) gezahlt, der sogenannte 1 Euro-Job

- 3 Personen in „Gerichtsstunden-Auflagen".

- Es sollen in der Zukunft noch 9 Personen im Rahmen des Modul 3[21] hinzukommen und in jeweils anfallende Bereiche eingeteilt werden.

Wir beschlossen, daß Andreas Böhm eine komplette Namensliste aller Mitarbeiter erstellt. Schließlich beschrieb er die Situation der Jerusalëmmer-Redaktion und des Küchenbereichs und hielt fest, daß beide gut arbeiten. Das gilt vor allem auch für die überaus wichtige Küche, die unter Leitung von Kathrin W. gut organisiert sei.[22]

Glauben verstehen, stärken und teilen

Glaubende Information im Dialog

Nach unserem Leitbild haben gewinnende Gespräche über den Glauben in unserem Verein großes Gewicht. Glauben ist dynamisches Geschehen und kontinuierlicher Lernprozeß, und das vor allem im lebendigen, offenen Gespräch. Der Dienstag war im Café fester Tag für Kreise, die diesen Auftrag organisieren. In allen Angeboten, die Bibel, Gebet und das Glaubenszeugnis zur Sprache brachten, waren vor allen neben Gerhard Burmeister und Wilfried Heymann Oliver Sievers und Alli Omnitz hoch engagiert. Zeitweilig stand die Bibel zu folgenden drei Zeiten im Vordergrund:

---

[21]Eine spezielle Maßnahme zur Aktivierung und beruflichen Eingliederung.
[22]Protokoll der Vorstandssitzung vom 6.11.2002.

- Dienstagabend zum Thema „Religionen im Licht der Bibel" mit 13 - 15 Teilnehmern aus dem Kreis der Gäste;
- Dienstagnachmittag Bibelintensivkurs für ehrenamtliche Mitarbeiter mit 3 -5 Teilnehmern;
- auch Dienstagnachmittag offener Bibelgesprächskreis mit 6 -10 Teilnehmern.[23]

Glauben leben in Andacht und Gebet

Die tägliche Andacht gehört von Anfang an in den Tag des „CJ". Sie verbindet den beginnenden Alltag mit Gott und sie heiligt das Essen. Die Offenheit unserer Gäste für diese ihnen aus ihrer Lebenssituation in der Regel fremde Form der Begegnung mit Gott war durch die Jahre hindurch unterschiedlich. Im Vereinsprotokoll vom 11.11.2013 heißt es knapp: „Die Gäste des „CJ" kommen gern und regelmäßig. Sie haben hier ein Zuhause gefunden, nehmen auch an den Andachten teil. Die Gebetsbox mit Anliegen ist immer gut gefüllt." Die „CJ"-Gäste haben wahrgenommen, daß Christen sich die Zeit nehmen für sie und ihre Lebensumstände zu beten, und sie nehmen dies dankbar auf. Auch dies erfahren sie als Wertschätzung.

Ab März 2013 bot das „CJ" jeden ersten Freitag im Monat eine Gebetsgemeinschaft zwischen 11.30 und 12.00 Uhr.

---

[23]Protokoll der Vorstandssitzung vom 20.2.2003

Was sonst noch im Café geschah

2002 bat Dechant Haneklaus uns, ihn aus der Mitverantwortung für den Verein zu entlassen. Das war leider folgerichtig. Er war durch seine leitenden Ämter in der katholischen Kirche und durch den Priestermangel bedingt unvermeidlich weit über seine Grenzen hinaus belastet. Deshalb war es ihm kaum möglich gewesen, an unserer Arbeit teilzuhaben. Aber großherzig entsandte er einen seiner wichtigen ehrenamtlichen Mitarbeiter. Es war Udo K., ein ökumenisch geprägter, auch bei uns dienstbereiter und mitdenkender katholischer Christ, der sich mehr als 15 Jahre hochmotiviert an unserem geistlichen Armenprojekt beteiligte und sehr hilfreich die Aufgabe wahrnahm, Brücke zu Neumünsters Katholiken zu sein. Wir wählten ihn in den Verein.[24]

2004 war es Andreas Böhm gelungen, neun Theologiestudenten aus seiner Ausbildungsstätte ins Café einzuladen. Es waren für Gäste und Studenten spannende Tage. Die Studenten brachten unseren Gästen in Abendvorträgen und Gesprächsrunden Anstöße zur Frage „Leben, aber wie?". Einer der Höhepunkte dieser Tage war das Candlelight-Dinner nur für Frauen. Gerade die in prekären Verhältnissen lebenden Frauen erlebten ein Fest wie nie zuvor in ihrem Leben.[25]

---

[24] Ab 2003 erscheint Udo K. in den Mitgliederprotokollen
[25] So Jerusalëmmer Nr. 99, 2009, S. 24f.

Spendenaufruf 2004

2004 stand unser Café wieder einmal auf des Messers Schneide. Um liquide zu bleiben brauchten wir monatliche Spenden in Höhe von 10.000 €. Es kamen aber nur durchschnittlich 3.000 €.[26] Wir reagierten mit einem Spendenaufruf, der versuchte, jetzt unseren von Gott empfangenen Auftrag in die sozialpolitische Situation hinein zu buchstabieren.

Zur politischen Lage und ihrer Auswirkung auf die Armen unserer Stadt

„Wie Sie vielleicht alle schon in den Zeitungen gelesen haben, gibt es viele Änderungen in dem Bereich der Arbeitsmarkt-, Gesundheits- und Sozialpolitik. Aufgrund der leeren Kassen bei Bund, Ländern und Gemeinden, der anhaltend schlechten Wirtschaftslage und der hohen Arbeitslosigkeit sieht sich die Bundesregierung gezwungen, drastische Maßnahmen in Form von tiefen Einschnitten in unser Sozialsystem vorzunehmen.

Wir haben als Auftrag Gottes angenommen, mit langzeitarbeitslosen Menschen unsere Arbeit für die Stadt NMS zu teilen, sie „anzulernen" und in Praktika und Fortbildungskurse zu begleiten. Wir haben diesen Auftrag allerdings nie aus Spenden finanzieren können und waren von Anfang an auf die Finanzierung durch die öffentliche Hand (Stadt,

---

[26]Protokoll der Vorstandssitzung vom 21.6.2004.

Land, Bund) angewiesen. Diese Arbeit werden wir völlig einstellen müssen, wenn die Stadt Neumünster dies nicht mehr finanziert.

Die Zusammenlegung der Arbeitslosen- und Sozialhilfe und die Abschaffung der Bedarfsdeckung der Sozialhilfe wird einen neuen Schub in Richtung Armut, Wohnungslosigkeit, Frustration, Gewaltbereitschaft aus Hilflosigkeit und Familienspaltungen auslösen. Allen sozialen Institutionen, auch der Diakonie, werden Gelder gestrichen, so dass die Hilfeleistungen der Wohlfahrtsinstitutionen bei zunehmenden Bedürftigen weiter abnehmen müssen. Als Christen wissen wir, dass Gott ein besonderes Augenmerk auf die Mühseligen und Beladenen wirft und uns das Herz für sie öffnet. In dieser Situation ist das „CJ" für die Bürger der Stadt NMS nötiger denn je, um Raum für unterstützende und missionarische Gespräche, Mahlzeiten, die Straßenzeitung als Sprachrohr für die Mühseligen und vielleicht auch noch weitere kostenlose, ehrenamtliche Hilfe anzubieten.

Daher möchten wir Sie heute bitten, die Arbeit des C.J. verstärkt und anhaltend zu unterstützen:
Sie sind herzlich eingeladen, sich das Cafe mit unserer Begleitung einmal anzuschauen und zu prüfen, in welchem Bereich sie sich ehrenamtlich mit ihren Gaben einbringen könnten.
Damit es uns und weiteren Menschen, die Hilfe für Arme auf ihrem Herzen haben, möglich bleibt, diese Arbeit für die Ausgegrenzten zu tun, bitten wir Sie um finanzielle Unter-

stützung im Rahmen Ihrer Möglichkeiten.

Zur finanziellen Situation

Im Jahr 2003 haben wir mit oben beschriebener Einrichtung und betreuter Menschenzahl einen Jahresfehlbetrag von 25.000 aus Rücklagen ausgeglichen.

In diesem Jahr sieht der Haushaltsentwurf vor, dass wir bei gleicher Einrichtungsgröße, aber verminderter Personenanzahl in Arbeitsmaßnahmen einen Fehlbetrag von 62.000 ausgleichen müssen, wenn die Spenden nicht ansteigen. Wir werden also 2004 voraussichtlich mit einer Deckungslücke von 62.000 abschließen. Damit sind unsere Ersparnisse aus alten Jahren im 1. Quartal 2005 erschöpft. Im schlimmsten Fall bedeutet das anfang 2005 die Zahlungsunfähigkeit. Im Hinblick darauf müßte eine sachgemässe Abwicklung, die den gesetzlichen Erfordernissen Rechnung trägt, also in 2004 begonnen werden. Davor bewahre uns Gott! Aber eine Verkleinerung der Einrichtung ist in diesen Umbruchszeiten nach allem, was wir bei sorgfältiger Prüfung erkennen können, zumindest vorübergehend notwendig. Aufgrund von Kündigungsfristen (Mitarbeiter und Mieten) von durchschnittlich 3 Monaten muß der Verein im 3. Quartal entscheiden, in welchem Umfang sich die Arbeit fortführen läßt. Der von der Stadt bezahlte Arbeitsvertrag unserer sozialpädagogischen Mitarbeiter Sabine W.-S. und Rainer A. endet spätestens zum 31.12. Wir müssen jedoch damit rechnen, daß die Stadt schon zum 30. Juni ihre Zahlungen einstellt. Dann wäre nicht zu vertreten, die Büro- und Kleiderkammerräume über das Jahresende hinaus zu mieten. Aber selbst dann brauchen wir Ihre verstärkte Hilfe durch Spenden.

Zur Spendenentwicklung

Dass wir mit öffentlichen Geldern reichlich versorgt seien und die Vereinsangestellten schon fast ‚verbeamtet', ist falsch. Zwar haben uns die staatlichen Institutionen in der Vergangenheit die Maßnahmen, mit denen wir Menschen vom Rande Arbeit und Würde gaben, zu finanzieren geholfen. Aber wir waren angewiesen auf Gottes tägliche Führung durch schwere Zeiten, und die Gebetsströme, die uns all die Jahre begleitet haben, wurden von Gott fürsorglich beantwortet. Ohne das ehrenamtliche Engagement des Vorstands und den ehrenamtlichen Einsatz der Vereinsangestellten weit über die tarifliche Arbeitszeit hinaus wäre das Café Jerusalem längst am Ende. Unsere Mitarbeiter haben ihr Herz in diese Arbeit eingebracht und nicht wenige Überstunden auch auf Kosten ihres Familienlebens geleistet. Ohne das tägliche Ringen im Gebet wäre uns ein längerfristiger Einsatz in dieser Arbeit mit ihren Begrenzungen, Rückschlägen und der Versuchung zur Hoffnungslosigkeit gar nicht möglich. Schon deshalb ist sie eine großartige Glaubensschule, und wir laden Sie herzlich ein, wenn Ihre Sehnsucht nach Gott und Glaubenswachstum Sie aufhorchen läßt. Die Spendenentwicklung ist in den letzten Jahren wie

überall rückläufig. Im Jahre 2001 konnten wir durch besondere Anlässe Spenden in Höhe von 70.000 dankbar entgegennehmen, im Jahr 2002 waren es 55.000 und 2003 erhielten wir 53.000. (hierin sind die Spenden von Einzelpersonen, die Kollekten von Gemeinden und die Gaben von sozial engagierten Vereinigungen enthalten).
Die Haushalte der letzten 3 Jahre ergaben jeweils bereits einen Fehlbetrag, den wir aus Rücklagen abdecken mussten. D.h., Spenden und erwirtschaftete Fördergelder haben nicht mehr die Ausgaben abgedeckt. Die Rücklagen bekamen wir in der Zeit, als wir von der Kaiserstraße in die Bahnhofsstraße zogen. Das Café war damals wie heute akut gefährdet. Wir brauchten beträchtliche Summen für den Umbau und die Erweiterung. Damals fanden wir eine starke Resonanz, und Gott bewirkte eine große Gebefreudigkeit nicht nur aus den Gemeinden, sondern auch von Geschäftsleuten und sozial engagierten Bürgern und Bürgerinnen. Durch die starke Eigenarbeit der Mitarbeiter und ehrenamtlicher Helfer und den kostenlosen Einsatz der Vermieter Wuttke in der Planung und der Baufirma Böge beim Umbau hatten wir weniger Ausgaben als wir bei der Planung kalkulieren mußten. Die Ersparnisse dienten uns bis heute, um Lücken im Haushalt zu schließen. Wir empfinden es als Gottes liebevolle Vorsorge für die 7 mageren Jahre.

„In unserer Schwäche - ein starkes Angebot"

ist ein Motto, unter dem seit nunmehr fast 10 Jahren die Arbeit im Café lebt. Ein Motto, das der biblischen Wahrheit entnommen, genau den Punkt trifft, auf den es uns in dieser Arbeit ankommt. Wir können nichts tun, außer Gott tut es durch uns. Denn sonst ist all unser Wirken umsonst.

In der Gesellschaftsentwicklung hat sich vieles zugespitzt. Immer mehr unserer Gäste erleben diese Ausgrenzung des „Nicht-erwünscht-Seins". Im gleichen Maße wie die Ausgrenzung erhöht sich aber auch der Druck der Ämter auf den Einzelnen. Diese Ohnmacht, sich in einem Teufelskreislauf zu befinden, selbst keinen Ausweg zu kennen und in der Gesellschaft keinen Halt mehr zu finden, macht unsere Arbeit im Café für viele zum letzten Halt. Die Beratungsgespräche, die die Vereinsmitarbeiter in einem Monat führen, gehen in die Hunderte. Dabei handelt es sich nicht nur um ‚einfache' Dinge wie Hilfen beim Umgang mit den Ämtern, sondern es geht um die Veränderung der gesamten Lebensstruktur. Dies ist nicht mit ein paar Terminen zu bewältigen. Oft ist es aber auch der Teufelskreis der Überschuldung, den der Betroffene nicht selbst zu meistern vermag. Dazu kommen die Gespräche über Süchte und Kriminalität. Diese Gespräche werden nicht nur von unseren Mitarbeitern in Arbeitsbeschaffungs-Maßnahmen, sondern gerade von den Gästen gefordert. Darin erlebt jeder der Mitarbeiter seine größte Herausforderung. Der Aufgabenkatalog einzelner Vereinsmitarbeiter ist so sehr überstrapaziert, dass es mehr als notwendig ist, gerade in der ‚Betreuung' der Gäste Unterstützung zu erhalten. Auch bei uns erhöht sich der Druck, den Vereinbarungen der geschlossenen Verträge gerecht zu werden. Einfach da zu sein, um zuhören zu können, Alternativen aufzuzeigen und eventuell einmal mit zum Amt zu gehen, das ist bei übervollem Tenninkalender uns Angestellten nicht mehr einfach so möglich. In unserer Situation, in der wir oft nicht einmal den Mitarbeitern die Zeit zur Verfügung stellen können, die sie brauchen, sind wir auf starke Unterstützung angewiesen. Das ausgeglichene Verhältnis der immer mehr anwachsenden Anzahl an Besuchern zu den in Verantwortung stehenden Mitarbeitern ist schon lange nicht mehr gegeben.

Die Zahlen, an denen man die Entwicklung des Café auch sichtbar machen kann, sprechen für sich. Ein kleiner Überblick soll helfen, die Vielfalt des Dienstes zu erkennen. Waren es vor einem Jahr noch im Januar 2003 985 männliche Besucher, so sind es heute 1097; 2003 421 weibliche Besucherinnen, so 2004 383; Besucher mit Kindern vermehrten sich von 65 von 2003 zu 2004 auf 85.

Die Zahl der Lebensmittelbeutel, die wir an Gäste gaben, stieg von 61 auf 387, die der Mahlzeiten von 1803 auf 2172.

Aber es war eine weitere, wichtigere Veränderung zu beobachten. Es war die Veränderung der Gäste. Wurde das Café in den Anfängen zum großen Teil von echten ‚Berbern' und örtlich gebundenen Obdachlosen oder Menschen, die sich gefangen durch ihre Sucht nicht mehr an die Regeln der Gesellschaft halten, besucht, weil sie bedürftig waren, so ist es heute eine viel breitere soziale Schicht, die sich täglich, wenn auch für ein kostenloses Brot, einfindet. Duschte Stefan Burmeister den einen oder anderen Mitmenschen im Café, kamen in dieser Zeit noch viele, die ihre Wäsche waschen lassen wollten, so sind es heute – obgleich die oben beschriebenen Angebote noch bestehen – völlig andere Bedürfnisse, die unsere Gäste ins Café kommen lassen. Es ist zum Beispiel die zunehmende Vereinsamung gerade von Alleinstehenden. Über Wochen und Monate treffen sich dieselben Menschen, um gemeinsam zu frühstücken, das Mittagessen einzunehmen oder aber den Nachmittagskaffee. Einsamkeit, die durch das Angebot des Cafés beendet wird. Und doch bleibt ein Großteil der inneren Bedürftigkeit unbefriedigt. Der verwitwete Großvater von nebenan, die alleinerziehende Mutter oder die Oma, die das Enkelkind mit ins Cafe bringt, gehen ‚leer' aus. Wir werden ihnen nicht gerecht. Und die Bedürfnisse nach innerer Ruhe werden größer, wie wir immer häufiger, gerade in unserem Gesprächskreis dienstags erfahren."[27]

2005 mußten wir erneut schmerzliche Amputationsschnitte vollziehen. Rainer Addicks gab der Situation die klagend erhellenden Worte: „Einen weiteren Einschnitt gab es um das Jahr 2005. Die Kleiderkammer und das Büro in der Fabrikstraße wurden geschlossen. Mit dem Beginn der ‚Hartz-Gesetze' wurde es nicht mehr vertretbar, eine

[27] Der Spendenaufruf wurde auf der Vereinssitzung vom 2.2.2004 beschlossen.

so große Zahl an MAE-Mitarbeitern ohne adäquate Betreuung zu beschäftigen. Ehrenamtliche Mitarbeiter aus den Gemeinden stellten sowohl ihre Arbeitskraft als auch ihre vielfachen Begabungen dem Café zur Verfügung. Kontinuität beweist das Café in seinen Hilfeangeboten unter den Prämissen ‚Hilfe zur Selbsthilfe' und ‚Fordern, aber nicht überfordern'.

Neben der Grundversorgung durch die angebotenen Mahlzeiten, Frühstück, Mittag und Lebensmitteltüten für den Abend, bietet das Café ein weites Feld an Angeboten. Häufig ist es für die Gäste schwer, sich selbst ihr ‚Versagen im täglichen Leben' einzugestehen. Da verwundert es nicht, wenn bei Behörden die wahren Probleme verschleiert werden. Wer mag sich anderen gegenüber schon outen, dass man nicht lesen kann, seine Wohnung verwahrlost ist, man ohne einen gewissen Alkoholspiegel nicht aufstehen kann, missbraucht wurde, mit Geld nicht umgehen kann, kriminell ist, um eine Sucht zu finanzieren, mit den eigenen Kindern nicht zurecht kommt.

Diese Aufzählung ließe sich noch lange fortführen und beinhaltet alle Lebensbereiche. Hier springt das Café oft als Mittler ein, so dass die Betroffenen Hilfe erfahren. Wesentlich hierfür ist das über Jahre gewachsene Vertrauen der Gäste in das Café und seine Mitarbeiter. Durch die vielschichtigen Lebens- und Arbeitsbereiche, aus denen die ehrenamtlichen Mitarbeiter kommen, ist ein multiprofessionelles Team gewachsen."[28]

---

[28]Jerusalëmmer, Nr. 99, 2009, S. 17.

5. Auf und ab unter Gottes Kontrolle 2006-2009

Kontollierter Rückbau mit Gewinn

„Der Jahresbericht 2006 ist voller neuer Entdeckungen", schrieb Andreas Böhm und fuhr fort, „sah es doch manchmal 2006 so aus, dass wir schließen müssten." Aber wir mußten es wieder einmal, Gott sei Dank, nicht. Schien es Anfang des Jahres noch so, als ob wir, finanziell ausgeblutet, gegen Ende des Jahres das Café abwickeln müßten, so änderte sich dies wieder einmal, auch weil die Stadtverwaltung ein Einsehen hatte und durch eine beachtliche Aufstockung der Zuweisung für unsere Hauswirtschaft half.

Bemerkenswert, weil erhellend, war im Rückblick der Abbau des Haushaltsvolumens in den letzten Jahren. Hatten wir 2001 noch einen Haushalt von rund 1.5 Millionen – allerdings noch DM –, so waren es 2003 nur noch ca. 542.000 €, dann sank das Haushaltsvolumen 2004 weiter auf 384.919 €, um sich dann bei etwa 150.000 € einzupendeln.

Dieser Abschmelzungsprozeß war eine notwendige Voraussetzung, um von unseren kräftigen Wurzeln her zu geistlich konzentriertem Wachstum zurückzufinden. Die hohe Zahl der Büro-Stunden, die notwendig waren, um die angemessene Bürokratie und Arbeitsorganisation aufrecht zu erhalten, gingen zu Lasten unserer Gäste, die bei uns warmherzig verstehende Menschen suchten und nicht Büros und PCs.

Ringen um den einzelnen Menschen

Es war ein Gebot unseres Auftrags zur rechten Stunde, das uns zurück zwang von der bürokratisierten Verwaltung staatlicher Finanzierung zu den Menschen, die Mut, Zuversicht und die nötige Offenheit brauchten, um sich ihrer eigenen, allzu oft sehr desolaten Situation stellen und menschlich reifen zu können. Genau betrachtet stellte Gott Solidarität im Blick auf den wechselseitigen Auftrag wieder her: Unsere Gäste brauchten Mut, um sich der Wahrheit ihres „kaputten" Lebens auszusetzen, wir auch: Wir hatten uns im gewucherten Gestrüpp unangemessener Größe verfangen.

Unser Auftrag war ein konzentriertes, zähes Ringen um jeden einzelnen Menschen, den Gott sucht. Dabei liegen Erfolge nicht einfach auf der Hand. Manche schafften es, stellten sich ihren Schwächen und lernten beispielsweise, ihre Schulden abzubauen. Andere hielten es nicht aus und flo-

140

hen weiter vor sich selbst. Bei denen, die einen Weg aus ihrer scheinbar hoffnungslosen Situation einschlugen, lag die Rückfallquote bei circa 25 Prozent. Die Mitarbeiter des „CJ" haben manche Gäste in einem 3-4 Jahre dauernden Prozeß begleitet, und diese verletzten Menschen lernten, den ganz normalen Alltag mit meist sehr begrenzten Mitteln leben. Einige schafften es sogar wieder in ein normales Arbeitsverhältnis und gewannen eine eigene Wohnung zurück.[1]

Das unverzichtbare Ehrenamt

Wir setzten wie schon am Anfang jetzt verstärkt auf das Ehrenamt, und das erwies sich als die Rettung. Das Café Jerusalem formierte sich verstärkt wieder als „Netzwerk der gelebten Nächstenliebe". Dies Netzwerk reichte inzwischen in alle Stadtteile Neumünsters und damit direkt an den Ort, an dem unsere Gäste leben. Gott hat durch seelsorglich beratende „gestandene" Christen wie Alli Omnitz Menschen beeindruckend gesegnet.[2]

Fußballweltmeisterschaft
ein ökumenisches Glanzlicht

Ein Höhepunkt dieses Jahres 2006 war auch im Café Jerusalem die Fußballweltmeisterschaft, die in Deutschland

---

[1]So dazu Jahresbericht 2006.
[2]So Ebd.

ausgetragen wurde, auch wenn Deutschland am Ende nur den dritten Platz belegte. Im Jahresbericht 2006 werden diese spannenden Tage beschrieben. Ich fasse zusammen:

Der Höhepunkt des vergangenen Jahres waren auch im Café die Übertragungen der Fußballweltmeisterschaft auf Großleinwand. Während dieser Zeit war im Café ein Team von zehn Christen[3] aus Brasilien für acht Wochen zu Gast. 20 Spiele wurden im Café übertragen. Die von durchschnittlich 25 Gästen besuchten Nachmittage und Abende schufen auch ohne Alkohol eine begeisterte Stimmung. Gerade dann, wenn Deutschland spielte, kamen ungeahnte Emotionen und Reaktionen zum Vorschein. Aber dann wieder, so heißt es, wurde es ruhig und andächtig, wenn in der Halbzeitpause das Team aus Brasilien eine zum Nachdenken zwingende Pantomime zu einem aktuellen Ereignis vorführte. Diese pantomimischen Impulse waren eine Bereicherung, die nicht vergessen ist. Dieses Ereignis machte das Café nicht nur zum Gastgeber der Freunde aus Brasilien, Mitarbeiter und Gäste erlebten sehr intensiv, dass selbst das kleine Café Jerusalem Teil der weltweiten Christenheit war und ist.[4]

Mit der Unterstützung durch die begeisterten jungen Menschen von JmeM aus Brasilien erlebten die Gäste im Café ein Fußballfest mit internationalem Flair, wie sie es vorher nicht

---

[3] Es waren begeisterte junge Menschen der internationalen christlichen Bewegung „Jugend mit einer Mission"

[4] Jahresbericht 2006, S. 11. Vgl. auch Jerusalëmmer, Nr. 99, 2009, S. 24f.

kannten. Das Miteinander hat dadurch spürbar und nachhaltig das Leben von einigen unserer Gäste erweitert und so verbessert. Und nicht wenige entdeckten und bekannten, daß nicht immer Alkohol dabei sein muß, um ein Fest zu genießen.

Veränderung im Vorstand

Im Jahr 2006 schieden Olaf Tendis und Bärbel Hoffmann aus dem Vorstand aus. Olaf Tendis hatte dem Verein zwölf Jahre als Stellvertretender Vorsitzender und Bärbel Hoffmann elf Jahre als Schriftführerin gedient. Sie waren von Anfang an, Olaf Tendis sogar als Gründungsmitglied, dabei gewesen. An Ihre Stelle traten der Steuerberater Frank Wohler aus der Andreas-Gemeinde und Frauke Boden.[5] Olaf und Doris Tendis blieben wichtige Mitarbeiter am Tresen und im Seelsorgedienst.

Notwendigkeiten, Erweiterungen und Verbesserungen

Im Jahr 2007 wurden insgesamt 12.539 Gäste gezählt.[6] Unsere Mitarbeiter stellten fest: „Die Bedürftigkeit ist in den letzten Jahren derart gestiegen, daß es durchaus vorkommt,

---

[5]Amtsgericht Kiel, Registerabteilung, 22.12.2006, Aktenzeichen VR 449 NM, Nr. 2.
[6]Jahresbericht 2007, S. 4.

daß Gäste bereits vor Öffnung des Cafés warten, um frühstücken zu können."[7]
Zwei Zahlen verdeutlichten dies: Wir bewirteten die bedürftigen Gäste mit 15.908 Mahlzeiten und 3167 Litern verschiedener Getränke.

Verwüstete Menschen

Im Jahresbericht hieß es nachdenklich: Das Café macht sein Engagement nicht davon abhängig, ob ein Gast zu denen gehört, die Hilfe in finanzieller Sicht brauchen. Denn die Nöte der Menschen sind nicht abhängig von einem Guthaben auf dem Bankkonto. Sie sind vielfältiger. Auch die „geistliche Wüste", die in den Menschen vor allem der westlichen Welt in den letzten Jahrzehnten spirituelle Leere hinterlassen und sichtbare Zeichen der inneren Verwüstung in sie eingebrannt hat, braucht die nachhaltig liebende Bearbeitung. Hier wird deutlich, daß Gott längst begonnen hat, unser Verständnis von Armut zu erweitern und zu vertiefen. Arm kann auch der Millionär an der Elbchaussee sein, der eine komfortable Villa bewohnt, wenn sein Sohn den Drogen verfällt, und er mit der Frage ringt: „Warum?" Aber gewiß sind die Armen – die am Rande der Gesellschaft – besonders verheerend von der geistigen Verwüstung getroffen, weil ihnen vor dem Untergang kaum wie den Wohlhabenden Fluchtwege etwa in den Komfort oder Luxus blei-

---

[7] Ebd.

144

ben.[8] Wir haben von Anbeginn den Auftrag – das hat Gott in die DNA seines Café eingeschrieben – Menschen mit den biblischen Wahrheiten bekannt und vertraut zu machen, und die sind sowohl für unsere Gäste als auch für Träger und Mitarbeiter ein ewig geltender Generalschlüssel zu heilendem Leben und so auch eine Investition in die Zukunft, die dem Tod gewachsen ist.

Fundgrube für Bücherliebhaber

Inzwischen hat sich im „CJ" ein Bestand von mehreren tausend Büchern angesammelt, unter denen sich bisweilen bibliophile Kostbarkeiten befinden sollen, die aus Haushaltsauflösungen stammen. Sie sind in Regalen geordnet und lohnen das Stöbern für Bücherfreunde. Wirklich Gutes ist für jeden mit Gewißheit dabei. Der Verein hat die Bücher, was Geld angeht, kostenlos übernommen und verschenkt sie weiter. Auch hier freut sich der Verein gleichwohl über jeden Euro, der den Spendentopf füllt.

Weitere Professionalisierung der Küchenausstattung

Die Küche ist so etwas wie das materialisierte Zentrum des Vereins, der sich ja als Gottes Restaurant und nicht als Christi Club gestaltet hat. Essen und Trinken hält nach alter Volksweisheit Leib und Seele zusammen. Essen und Trinken

---

[8]Vgl. den Jahresbericht 2007, S. 2.

läßt sich kultivieren, wenn das Tischgespräch hinzu kommt. Es wird gesegnet durch das Tischgebet. All das ersehnen wir, wenn wir gesegnete Mahlzeit wünschen.

1994 hatten wir mit geschenkten Küchengeräten begonnen, die uns zwangen, astronomisch hohe Stromrechnungen zu bezahlen. Es ging mit Ach und Krach und unmäßig viel gutem Willen und leichten Verbesserungen der technischen Ausstattung.

Besser wurde es ab 1998 in der Bahnhofstraße. Dort konnten wir die Küche schon bedarfsgerechter planen und einrichten. Je mehr Gäste aber über den Tag zum Essen kamen, desto dringlicher wurde die zunehmende Professionalisierung der technischen Ausstattung, zumal uns immer wieder der Mangel an Mitarbeiterkompetenz im Küchenbereich zu schaffen machte. Immer wieder einmal fielen ehrenamtliche Mitarbeiter in der Küche aus verschiedenen Gründen aus, und nicht alle, die uns halfen, waren hinreichend belastbar. Belastbare Frauen wie z. B. Hannelore Sell[9] erwiesen sich immer wieder als notwendiges Geschenk Gottes. Es konnte aber auch vorkommen, daß Andreas Böhm allein das Essen kochen mußte, weil niemand sonst kurzfristig zur Verfügung stand.

Praktischere Kühlschränke wurden angeschafft. Die vielen gespendeten Nahrungsmittel mußten gespeichert und verarbeitet werden. Die Gäste, nach unserem Leitbild Gottes „Königskinder", sollten möglichst gut und abwechselnd essen. Stoßzeiten mußten unsere Mitarbeiter bewältigen. Ein

---

[9]So z.B. Protokoll der Vorstandssitzung vom 10.12.2007.

Quantensprung war 2012 der Erwerb eines „Konvektoma-
ten". Durch konzentriertes Dämpfen mit kurzen Garzeiten
sind die Nährstoff- und Vitaminverluste des Gargutes deutlich geringer als bei herkömmlichen Kochmethoden. Gleichzeitig können unterschiedliche Speisen in verschiedenen Be-
hältern neben einander garen, ohne den Geschmack wechselseitig zu verändern.[10]
Durch die notwendige Professionalisierung der Küchenausstattung ist es seit dem Spätsommer 2007möglich, auch
große Mengen frischer Nahrungsmittel haltbar zu machen.
Nicht selten werden beispielsweise 50 Kilo Gemüse und
mehr gleichzeitig gespendet und warten auf schnelle
erhaltende Verarbeitung. Dadurch spart das Café nicht nur
Geld, sondern kann viel ökonomischer und nachhaltiger
wirtschaften. Auch eine geschenkte Kartoffelmaschine
erleichterte fortan die Arbeit.

Das größte Projekt dieses Jahres war das neue Lagergar-
tenhäuschen im hinteren Teil des Café-Grundstücks. Mit
den dazugewonnen Quadratmetern entstand viel Platz für
die selbst eingekochten Lebensmittel und deren Lagerung.[11]

Essen und Trinken sowie die gesamte Logistik im Bereich der Arbeit mit Lebensmitteln ist der tägliche Alltag
der Hauswirtschaft. Dabei gehört eben nicht nur die Zube-
reitung des abgebildeten appetitlichen Frühstücks dazu. Ei-

---

[10]Vgl. Jahresbericht 2012, S. 12.
[11]AaO. S. 7.

Abbildung 5.1.: Liebevoll bereitetes Frühstück

nige hundert Kilo frische Lebensmittel „finden" jede Woche den Weg in das Café Jerusalem. Dabei geben wir – und das ist nach wie vor Prinzip – die jeweils erste Portion der Mahlzeit mit zwei Getränken ohne die Bitte um eine Spende ab. Bei weiteren Portionen, die nicht der Not geschuldet sind, sondern Appetit oder Genuß, bitten die Tresen-Mitarbeiter um eine Spende.

Wichtige Tätigkeiten in Hauswirtschaft und Küche sind Sortieren, Haltbarmachen, Lagern und Zubereiten. Professionelle Großküchengeräte, die unsere Mitarbeiter und Mitarbeiterinnen entlasten, verdankten wir großzügigen Spenden. Diese Geräte sind inzwischen schier unverzichtbar, weil die Küche in den Jahren wiederholt in der Woche nur mit ein oder zwei Mitarbeitern besetzt war. Inzwischen bietet das Café mittags in der Regel ein zwei Gänge Menü, und das wahlweise mit Salat oder Nachspeise. Für Gäste des Cafés, die aus religiösen Gründen auf unterschiedliche Produkte verzichten, gibt es sogar ein Auswahlmenü.

Das Ergebnis ist eine hohe Qualität des Essens, die unsere Café-Mitarbeiter auf die Tische bringen. Auch das bezeugt den Respekt, den Gott dem Armen gegenüber fordert.

Glück im Unglück –
oder besser: Gottes Segen geht eigene Wege

2007 erlebten wir auch noch ein wirklich nicht vorhergesehenes Unglück. Am 20. August 2007 mußte der Vorstand die Vereinsmitglieder in Kenntnis setzen, daß Andreas Böhm bei der Fahrt zur Arbeit von Flintbek nach Neumünster mit dem Rennrad gestürzt war und sich beide Arme gebrochen hatte: Glück im Unglück – Gott sei Dank war der Bruch nicht so kompliziert, daß Operationen nötig wurden. Er konnte mit seiner Familie – betreut durch seine Frau, die ja Ärztin ist – in den verdienten Urlaub fahren.

Logos Hope – Mitten in Bedrängnis
Ein realer Blick in die Weltmission

Von Januar bis April 2008 wurden die Cafémitarbeiter an drei Tagen der Woche von jeweils vier Angehörigen der Besatzung des international besetzten Missionsschiffes Logos Hope unterstützt, das im Kieler Hafen Station gemacht hatte.

Diese Zusammenarbeit war vor allem für unsere Mitarbeiter und die Gäste wieder eine spannende, den Horizont weitende Bereicherung. Es war ermutigend, wahrzunehmen, daß unser Café als Armenprojekt Gottes auch internationale Werke berührt und zum Nachahmen herausfordert.[12] Die Mitarbeiter und Gäste des „CJ" lernten unterschiedliche Lebensweisen von Menschen aus ganz anderen Teilen der Welt kennen. Nach und nach entstand Vertrauen und sogar lockere Freundschaften, in denen das erfahrende Miteinander fortlebt.

Da wir mit einem Haushaltsdefizit von 9.000 € ins Jahr 2008 gegangen waren und schon im ersten Vierteljahr erneut 11.000 € der Rücklage entnehmen mußten, trat das intensive Bitten um Spenden und das Werben um staatliche Zuschüsse leider wieder verunsichernd in den Vordergrund. Aber wieder kam die Stadt uns zu Hilfe und gewährte einen Zuschuß von 32.000 € für die Hauswirtschaft, also den Restaurationsbetrieb, dessen Auftrag es war, dem aus welchem Grund auch immer armen Menschen mit wohltuendem Respekt zu begegnen.[13]
Im Blick des Staates ist unsere Hauswirtschaft förderungswürdige Sozialarbeit.

---

[12]AaO. S. 7; Jerusalëmmer, Nr. 99, 2009, S. 24f.
[13]So Protokoll der Vorstandssitzung vom 9.9.2008.

Der Mitarbeitermangel in der Küche hatte sich inzwischen als hoch bedrohlich für das Café erwiesen, als Christel R. anfang April ausschied, und Katrin W. ganz ausgefallen war. Es war tief beunruhigend, daß Andreas Böhm als Leiter der Gesamteinrichtung wieder selbst kochen mußte. Zugleich war es ein beeindruckendes Zeugnis dafür, daß der Geist Jesu, der aus dem Himmel kam, um zu dienen, im Kern unseres Glaubenswerks nicht erloschen ist. Wenn er auch manchmal nur noch zu glimmen schien, Gott hat ihn immer wieder neu entfacht. Gott ist treu. Gott hielt uns – zitternd und zagend – an dünnen Fäden, menschlich schwach, allein in ihm stark. Café Jerusalem war Glaubensschule. Und die Lage entspannte sich wieder leicht, als Christel R. doch für zwei Tage je Woche zurückkam.[14]

Das Café Jerusalem ist zwar nach seiner Satzung das Sozialwerk der Evangelischen Allianz, Vereins- und Vorstandsmitglieder sind Christen aus Gemeinden die sich dem Geist der Ev. Allianz verpflichtet wissen, die meisten regelmäßigen Spenden, die immer noch Zweidrittel der Kosten des CJ decken, stammen aus Kreisen der „Allianz-Christen", fast alle „Allianzgemeinden" opfern dem CJ gewisse Teile ihrer freien Kollektenerträge oder Weihnachtsbasare, die sie durchaus selbst für Gemeindearbeit gut verwenden könnten, gleichwohl steht das CJ – gerade in seinen immer wiederkehrenden Notzeiten in den Beratungen der Gemeindegremien – und das ist gewiß verstehbar

---

[14]Ebd.

– nicht gerade auf der Prioritätenliste. Das zeigt sich besonders deutlich daran, daß die Gemeinden höchst ungern bereit sind, belastbare Mitarbeiter und Mitarbeiterinnen in unsere Arbeit zu delegieren, obwohl eigentlich auch hier das geistliche Gesetz des 10-Prozent-Opfers bedenkenswert wäre. Könnte es nicht Segen freisetzen?

Angeregt offenbar durch die Mitarbeiter der „Logos Hope", die sich 2008 als wertvolle Helfer zeigten[15], brachte Andreas Böhm die Frage ein, ob es nicht angebracht wäre, sich einer größeren Missionsgesellschaft wie OM (Operation Mobilisation)[16] einzuordnen, um krisenfestere Nothelfer zu gewinnen.[17]

Geistlicher Rückblick auf 15 Jahre

2009 feierten wir das 15jährige Bestehen des Café Jerusalem. Die Jerusalemmer Nr. 99/2009 stand ganz im Zeichen des Jubiläums. Da dieses Fest Gottes leibhaftige Einladung in die Freude des Glaubens, aber natürlich auch Sympathiewerbung für dieses Werk der Liebe Gottes war, hatten wir natürlich auch die obligaten Grußworte eingeholt: Es beteiligten sich u.a. Propst Jürgensen, der gewählte Oberbürgermeister Dr. Tauras, der bei uns selbst hinter dem Tresen Erfahrungen gesammelt hatte, Ministerpräsident Carstensen

---

[15]Siehe oben

[16]Die Logos Hope ist Missionsschiff von OM.

[17]Ebd.

und Sozialministerin Dr. Trauernicht. Das Fest fand am 11. Juli auf dem Parkplatz hinter dem „CJ"[18] in der Fabrikstraße statt.

Angela Burmeister, eine der „Gründungsmütter" des Café Jerusalem, gab in der dem Jubiläum gewidmeten „Jerusalëmmer" einen bewegenden, dem Lob des treuen Gottes geweihten Rückblick:

DER ANFANG – HÖREN AUF SEINEN RUF
FÜR EINE CHRISTLICH-MISSIONARISCHE SOZIALARBEIT
Der Anfang vom Café Jerusalem? Den kennt Gott allein, denn lange bevor es für uns äußerlich sichtbar wurde in Form des Hauses in der Kaiserstraße, hatte Er schon alle Fäden gespannt, die Menschen schon gerufen, vorbereitet und zueinander geführt. Es gilt hier nicht, einen oder viele Einzelne zu loben, sondern Gott allein. Er bündelte unsere Gaben und setzte sie ein. Wir fanden Erfüllung im Dienen.

Wem sollen wir danken für die erfahrungsreichen Jahre des Lebens mit den Menschen, die das Café aufsuchten? Für die empfangene und weitergegebene Liebe? Gott allein. Wen sollen wir loben für die Herzensqualität der Begegnungen und der Arbeit, die Hingabe an Christus? Gott allein, denn Er wirkt in uns und durch uns. Es war eine Gnadenzeit, es war Erweckungszeit in Norddeutschland und auch bundesweit (Gemeindeerneuerungsbewegung, Glaubenskonferenzen...). Neue Menschen fanden zu Jesus

---

[18] Es ist der Parkplatz der Möbelfirma Schulze.

Christus – mehr noch, sein Feuer rief uns in die Nachfolge. Und wir trafen Ältere im gelebten Glauben.

Wer kennt noch an NMS 1994, die Situation der Obdachlosen und Arbeitsuchenden, der Randgruppen, der Männer und Frauen von außen und von innen. Die Situation auf der Straße, in den Stadtvierteln? Die leidenden Menschen wurden betenden Christen aufs Herz gelegt. Einer von ihnen wurde aus der städtischen Sozialarbeit gerufen, in bestehende christliche Projekte geschickt, um dort Arbeitserfahrungen zu sammeln, und ein weiterer Kreis betender Engagierter wurde vorbereitet, die vielen Arbeiten des Aufbaus mit zu tragen. Herzlichkeit, Offenheit, gemeinsame lebendige Gottesdienste und Einsatzbereitschaft für Christus prägten die MitarbeiterInnen „der ersten Stunde".

Ein Spendenwerk von Anfang an, das viele Befürworter auch bald an den wichtigen Stellen der Verwaltung in Stadt, Land, Arbeitsamt fand – viele Menschen antworteten beständig und manchmal außerordentlich auf die wahrgenommene Notwendigkeit, den Willen Gottes für die benachteiligten Bürger dieser Stadt zu diesem Zeitpunkt zu tun und ein auf ihre Situation angepasstes Werk zu unterhalten. Dank sei Gott, Der es Ihnen vergilt.

Uns allen brannte das Herz für Gott in Jesus Christus und nur aus dieser Kraft und weil es Sein kairos war, konnte das Café ent- und bestehen. Dieses Erleben, die Freude und die Glaubensgewissheit, die gemeinsamen Feiern zu

Ehren Gottes, wollten wir natürlich gerne weitergeben, wofür als erstes jede Begegnung und inspirierte Handlung im Caféalltag zeugte; aber auch zu Gebetstreffen, Bibelstunden und zum Lobpreissingen luden wir regelmäßig ein.

Es war eine besondere Zeit, ein intensives Erleben in der Gegenwart Gottes, Sein Handeln war überall spürbar. Er veränderte Menschen, öffnete ihre Herzen und ihre Wahrnehmung. Er zeigte den Ort, die Inhalte und berief MitarbeiterInnen. Er heilt und fügt in Seine Gemeinde ein, lässt Barmherzigkeit leben, schenkt Gemeinschaft. Er hält Seine Hand schützend über die Menschen im Café Jerusalem. Er ruft auch hier seine Kinder „wie eine Henne, die ihre Küken versammelt unter ihre Flügel". Er sieht auch, wie Menschen Anfechtungen und Versuchungen anheim fallen – und weint, denn die Weisheit Seiner Liebe kennt die Folgen.

Sein Wort wird wie Samen gesät, das Wachsen und die Reifezeit liegen auch in Seinen Händen. Wir alle sind Geliebte und Erkannte, Umkehr kann jederzeit geschehen.

Familie Angela Burmeister-Axhausen[19]

Die Schatzmeisterin Christa Marklin, die Realistin, Meisterin der unbestechlichen Zahlen, schrieb zum 15jährigen Bestehen 2009 – und es war ein Zeugnis für die Treue Gottes – im „Jerusalëmmer":

---

[19] Angelas Rückblick erschien in der „Jerusalëmmer", Nr. 99, S. 22-23. Angela war Mitarbeiterin der Verwaltung von 1994-2004

„…Wir durften in den vergangenen 15 Jahren viel Gnade erfahren, konnten vielen Menschen vom Rande der Gesellschaft die Frohe Botschaft bringen, den Tisch decken,
Gespräche führen, ihnen teilweise Arbeit und Fortbildung
verschaffen und ihre Sorgen teilen. Wenn ich durch die Innenstadt gehe und so manche Gäste wiedertreffe, kann ich
spüren, dass Schranken der Ausgrenzung abgebaut wurden
und Beziehungen gewachsen sind, die nur die Liebe Gottes
stiften kann…"[20]

Erneut internationales Flair im Café

Seit einigen Jahren kehren bisweilen internationale Unterstützer ins Café ein. Das „CJ" wird über die Grenzen Neumünsters hinaus bemerkt. Das bestärkt die Mitarbeiter und
erweitert den Horizont, vor allem den unserer Gäste. 2009
konnte das Café mit einer Gruppe von acht Studenten aus
ganz Europa und der russischen Föderation das Jubiläum
begehen.[21] Sie waren über den „Bauorden" nach Neumünster gekommen, um den Hofbereich hinter dem „CJ" auszu-
bauen.

Der holländische Mönch Werenfried van
Straaten aus dem Prämonstratenserorden hatte 1953 den „Bauorden" gegründet, nachdem er

---

[20]Jerusalëmmer, Nr. 99, 2009, S. 18.
[21]Jerusalëmmer 99, 2009, S. 26.

vorher für hungernde deutsche Flüchtlingskin-
der ab 1947 Nahrungsspenden unter der Parole
„Gebt mir Speck und nicht Geld"[22] gesammelt
hatte. Man nannte ihn daher wohlwollend den
„Speckpater". Er motivierte später Jugendliche
und Studenten, beim Bau von Eigenheimen für
die 14 Millionen Flüchtlinge und Vertriebenen in
Deutschland zu helfen. Die Wohnungsnot sollte gelindert werden. Der erste Baueinsatz fand
vom 6. bis 18. April 1953 in Nienberge bei Mün-
ster/Westfalen statt.
Etwa 360.000 vorwiegend junge Menschen,
Schüler, Studierende, Auszubildende, Handwer-
ker und Angestellte haben bisher als Freiwillige
geholfen. Die Kosten übernehmen zum großen
Teil Spender.[23]

Auch dies war eine bereichernde Abwechslung, die den oft
notvollen Alltag des Café Jerusalem aufbrach und Farbe in
das Alltagsgrau brachte.

Beratungsbedarf und seelsorgliche Präsenz

Der Gesprächsdienst lebens- und glaubenserfahrener ehrenamtlicher Mitarbeiter – 2012 bestand das Gesprächsteam

---

[22] Für Geld konnte man 1847 in Deutschland nichts kaufen.
[23] Vgl. Wikipedia unter „Werenfried van Straaten".

z.B. aus sechs Christen[24] – wurde im Jahr 2009 täglich von durchschnittlich fünf Gästen in Anspruch genommen. Zwar sind die Beratungszeiten des Cafés flexibel, es hat sich aber bewährt, konzentriert zu festen Zeiten den Gästen für störungsfreie Gespräche zur Verfügung zu stehen. Auf diese Weise können die ehrenamtlichen Berater den Gästen ihre ganze Aufmerksamkeit schenken, ohne von anderen Aufgaben im Café abgelenkt zu werden. Solche festen Termine boten wir montags, mittwochs und freitags an. Die meisten unserer Gäste haben multiplen Gesprächsbedarf. Man könnte die Problematik aufgliedern in partnerschaftliche Probleme, viele weitere, nicht leicht zu definierende Schwierigkeiten, die Süchte und finanzielle Sorgen, aber das alles mischt sich oft in jeweils unterschiedlicher Zusammensetzung im Gast, der Beratung wünscht.

Die wöchentliche Beratungszeit betrug 2009 mehr als 25 Stunden wöchentlich. Durch die Beratung von Suchtkranken konnten wir erreichen, daß sich 27 Gäste zur Entgiftung ins Krankenhaus einweisen ließen. Leider mußten wir aber auch 2009 wieder suchtbedingte Todesfälle in der Café-Familie ertragen.[25]

Öffentlichkeitsarbeit

[24]Jahresbericht 2012, S. 8.
[25]Vgl. zum Abschnitt den Jahresbericht 2009.

Tue Gutes und rede darüber...?

Wir waren im Café Jerusalem zum „Bete und arbeite"
gerufen. Benedikt, der Gründer der europäischen Kloster-
bewegung hatte – gerufen von Gott – am Anfang des 6. Jh.
angefangen, in den aggressiv zerstörenden Katastrophen
der Völkerwanderungszeit Orte der machtvoll bergenden
Stabilität zu schaffen. Hier in den Klöstern der Benediktiner
wurden die Fundamente der europäisch-christlichen Kultur
gelegt, von deren Restbeständen wir bis heute noch mehr
leben, als uns in unserer Geschichtsvergessenheit meist
bewußt ist. Dieses „Arbeite und bete" ist unser Auftrag,
dem wir nur nachkommen können, weil Menschen uns
unterstützen. Darum konnten wir nie schweigend auf
Öffentlichkeitsarbeit verzichten. Dem dient von Anfang an
die „Jerusalëmmer", darum verrichteten wir „Pressearbeit",
gaben Jahresberichte heraus, hatten den NDR, der Videos
drehte und sendete, schon in der engen Kaiserstraße und
z. B. 2009 in der Bahnhofstraße zu Gast; darum gibt es
unseren hochprofessionell gestalteten Auftritt im Internet.
Den Auftrag, Gutes zu tun und darüber zu schweigen,
hat Gott uns nicht erteilt. Aber unsere Schritte in die
Öffentlichkeit waren nie „Marktgeschrei". Bei aller Freude
über attraktives Styling blieben unsere werbenden Auftritte
immer im Kern authentisch, weil sie in der Not unserer
Gäste ihre Wurzeln hatten.

Das Café Jerusalem steht seit 27 Jahren in Neumünster
im Licht einer durchaus interessierten Öffentlichkeit. Wir

sind Zeugen Jesu Christi. Teil unseres Zeugnisses sind die sozialen Bedürfnisse der Menschen, die zu uns kommen. Auch uns hat Gott zu ihren Anwälten gemacht. Verständnis für unsere herausfordernde Arbeit finden wir nur, wenn wir informieren. Das geschieht in unterschiedlichen Formaten. 2012 etwa trieben wir Öffentlichkeits-Arbeit, indem wir verschiedenen Einladungen folgten, um zu berichten. „Ob es eine Einladung zu Senioren-Treffen, ein Vortrag bei Wirschaftsunternehmern unserer Stadt oder aber ein Informationsstand über die Arbeit des Cafés im Rahmen einer größeren Veranstaltung war, Café Jerusalem war vorort!"[26]

2013 erhielt beispielsweise der Leiter Andreas Böhm eine Einladung zu einer Sitzung in der Fa. Danfoss Solutions, welche die Unterstützung des „CJ" auf ihre Tagesordnung gesetzt hatte, nachdem sie vorher mit sechs Mitarbeitern im „CJ" zu Gast war, um sich einen Eindruck zu verschaffen.[27] Durch solche Besuche und Auftritte in brauchbaren Situationen erhielten geschätzt einige tausend Menschen die Gelegenheit, sich über die Arbeit des Café Jerusalem e.V. intensiv zu informieren. Diese Investition gab z.B. auch den Straßenmagazin-Verkäufern Auftrieb.[28]

---

[26]Vgl. Jahresbericht 2013, S. 8.
[27]Protokoll der Mitgliederversammlung vom 11.11.2013.
[28]Vgl. Jahresbericht 2012, S. 8.

6. 2010-2014
5 Jahre bis zum 20jährigen Jubiläum

Ein durchaus gesundes Angebot

Zunächst einige Zahlen:

- Die Gäste des „CJ" kamen inzwischen aus fast allen Stadtteilen Neumünsters.

- Zwischen 9 und 12 Uhr waren im Durchschnitt 45 Gäste im „CJ",

- zwischen 12 und 18.30 Uhr waren 61 anwesend.

- Knapp zwei Drittel waren Männer, weniger als 10% waren Kinder im Alter zwischen ein paar Monaten und 15 Jahren.

- Das „CJ" war an 239 Tagen für seine Gäste und Unterstützer geöffnet. Das waren 20 Tage mehr als im Jahr 2009.[1]

---

[1] Vgl. Jahresbericht 2010.

Gesundheits- und Hygieneangebote

Während der Öffnungszeiten boten wir nicht nur Speisen und Getränke, wir organisierten für unsere Gäste auch vorbeugende Hilfe zur Stärkung der Gesundheit. Das Café läßt sich kontinuierlich vom Gesundheitsamt beraten. Das „CJ" organisierte bereits seit längerem jedes Halbjahr eine zahnärztliche Untersuchung durch eine Zahnärztin im Café, die jeweils Gäste kostenlos in Anspruch nahmen. Ebenso konnten Gäste des Cafés den Dienst eines Friseurs und eines Fußpflegers nutzen. Das monatliche Fußpflegeangebot nutzten 9-12 Gäste, die halbjährliche Zahnpflege 6-9[2] Gerade diese Möglichkeiten, präventiv die Gesundheit zu stärken, sind ein grundlegend wichtiger Aspekt in der Gesundheitsversorgung unserer Klientel. In nicht wenigen Situationen konnte der Dienst des „CJ" den Menschen in prekären Verhältnissen so helfen, drohende Erkrankungen mit gefährlicheren Folgen zu verhindern.

Diversität im Speiseplan

Das Mittags-Menü, umfaßte, im Jahresüberblick neben der deftigen Gemüsesuppe, die vor allem an kalten und naßkalten Tagen gerne gegessen wird, bisweilen die Gänsekeule, das Spanferkel, Fisch, Aufläufe jeder Art, manchmal aber auch einfach einen guten selbstgemachten „Hamburger"

---

[2] Jahresbericht 2012, S. 10.

mit allem, was dazu gehört.

Insgesamt stieg die Ausgabe der Mahlzeiten im Vergleich zum Jahr 2009. Es waren 2010 insgesamt 12.318 Mittagessen. Darüber hinaus bedienten wir unsere Gäste mit 5.978 Portionen Frühstück, und nachmittags 2.163 Kuchengedecken.[3]

Seelsorgliche Begleitung – unser Markenkern

Das Bedürfnis nach Begleitung in der Bewältigung der Lebensprobleme durch die inzwischen vornehmlich für diesen Bereich tätigen ehrenamtlichen Mitarbeiter wuchs auch im vergangenen Jahr. Auslöser der zum Teil erheblichen Gefühlsschwankungen, die auch unsere Gäste nicht selten mit Alkohol zu ,ertränken' versuchten, waren Todesfälle im Freundes- und Familienkreis und in der Café-Familie; nicht selten waren es Partnerschafts-Schwierigkeiten und wie so oft finanzielle Probleme.[4]

Die Zahl der Stammgäste wuchs auf ca. 132. Ihre soziologische Einordnung ist schwer. So kann z.B. ein und derselbe Gast innerhalb eines begrenzten Zeitrahmens im Gefängnis gesessen haben, dann in einer Arbeitsmaßnahme beschäftigt gewesen sein und im Anschluß sich einer Therapie unterziehen oder auch durch nichts von alledem belastet sein.

---

[3]Jahresbericht 2010, S. 30.
[4]Ebd.

Wieder einmal Licht aus?

Im letzten Viertel des Jahres 2010 allerdings drohte wieder einmal zwar fast schon gewohnt, aber dann doch immer wieder beunruhigend, nach fast 16 gesegneten Jahren das Licht im Café auszugehen. Trotz aller Erfahrungen mit der Treue Gottes – es blieb verunsichernd. Die Spenden gingen beängstigend zurück und deckten die unumgänglichen Ausgaben bei weitem nicht mehr, die Rücklagen gingen gegen Null, und die zu wenigen Mitarbeiter drohten wieder unter dem Druck der zunehmenden Arbeit auszubrennen. Ja, wir waren wieder angefochten.

Aber wieder wurden wir durch alarmierte Spender und Hilfen aus Wirtschaft und Politik, Gott sei Dank, gerettet. Am Jahresende war das Defizit in Höhe von 25.000 € ausgeglichen, und wir konnten sogar mit einer Reserve ins nächste Jahr gehen.

Der Verkauf des Straßenmagazins lag bei etwas mehr als 1000 Exemplaren pro Ausgabe. Wir wünschen uns schon um unserer Verkäufer willen, die Verkaufszahlen steigern zu können.[5]

---

[5]Vgl. Jahresbericht 2010.

„Mittendrin, statt nur dabei"

Die Vielfalt
des arbeitenden Lebens im „CJ"

„Mittendrin, statt nur dabei" war der Leitspruch des Jahresberichts 2011. „Wir sind mittendrin im Geschehen unserer Gäste. Mittendrin, wenn es ‚mal wieder in der Beziehung klemmte', mittendrin, wenn die Traurigkeit über den Verlust des Nächsten an den Tod, der auf uns alle lauert, ertränkt wurde, mittendrin, wenn die Kürzung der Sozialbezüge anstand, weil die Einsicht und das Pflichtbewusstsein abhanden gekommen war, mittendrin, als das Chaos über ihr oder ihm zusammen brach. Wir haben nicht daneben gestanden, wir sind mitgegangen – haben angepackt. Mehr als 35 Mitarbeiter (ohne die Vorstands- und Vereinsmitglieder) haben 2011 in acht Arbeitsbereichen (Küche, Tresendienst, Gesprächs- und Sozialdienst, Redaktion und Öffentlichkeit, Verwaltung, Hausmeisterei, Finanzen und Leitungsaufgaben) mehr als 14.000 Stunden ihren Dienst versehen."[6] Eine wirklich beachtliche Zahl, die wir ohne Gottes motivierende Treue nicht erreicht hätten.

Geschätzter Trainingsraum für soziale Kompetenz

Das Café Jerusalem wird inzwischen so sehr geschätzt, daß Unternehmen es nutzen, um sich sozial zu engagieren und

---

[6]Jahresbericht 2011, S. 5.

soziale Kompetenz zu erwerben. Hatte schon die Deutsche Bankfiliale in Neumünster das „CJ" entdeckt und respektvoll und einfühlsam genutzt, so kam 2012 das Postzustellzentrum Lübeck hinzu. Es entsandte zwei Mitarbeiter zur Gartenarbeit, die sogar die dafür notwendigen Arbeitsgeräte neu einkauften und dem Café nach verrichteter Arbeit als Geschenk überließen.[7]

Achtung vor der Menschenwürde, die Gott bedingungslos verliehen hat

Die manchmal lebensentscheidende Information, daß unabhängig von den eigenen Schwächen, von unserer vielfältig anteiligen Schuld an allem denkbar Möglichen, unseren isolierenden Ängsten, der vielfältigen Ablehnung, die Menschen vielerorts erfahren, die befreiende Information, daß unabhängig von alledem immer helfende Menschen da sind, spricht sich gerade dort schnell herum, wo Menschen schon allein wegen ihrer Begrenzungen und scheinbaren Andersartigkeiten verschlossene Türen erleben. Uns ist der Auftrag gegeben, unseren Gästen durch Wort und Tat zu beweisen, daß sie uns willkommen sind. Wir achten Sie. Nicht alles, was sie tun und denken, wohl aber schätzen wir sie wert, was auch immer sie taten und wie auch immer sie lebten, weil für jeden Einzelnen von ihnen Gott sich höchstpersönlich in der Gestalt Jesu Christi bis zum Tod am Kreuz eingesetzt hat. Die Wertschätzung als Mensch, den

---

[7]Jahresbericht 2012, S. 11.

Gott bedingungslos liebt, soll jedem im „CJ" sicher sein. Wo nicht, versagen auch wir wieder einmal.

Unsere seelsorglichen Berater wollen unsere Gäste da, wo sie schwach sind, anregen und unerstützen, ein eigenverantwortliches Leben zu führen. Sie sollen – und das ist ein Auftrag, mit dem Gott auch die Schwachen und Gescheiterten ins Leben entlassen hat – die eigenen Ressourcen, Kompetenzen und Fähigkeiten erkennen und daraus Selbstwertgefühl, Selbstdisziplin, aber auch Beziehungs- und Konfliktfähigkeit zu erwerben suchen. Das braucht Zeit, Einfühlungsvermögen und Vertrauen. Aber auch den Glauben, der den befreienden Christus ins eigene Leben zieht und dies auch unseren Gästen empfielt. Denn ohne Christus fehlt das Entscheidende. Lebensraum aber ist der zu bewältigende Alltag. Weil unsere Gäste die notwendigen alltäglichen sozialen Kompetenzen brauchen, um Leben bewältigen zu können, üben wir gemeinsam u.a. den Umgang mit Geld, Lebensmitteln, Hygiene, aber auch Zuverlässigkeit und Arbeit.[8]

Hausmeisterteam
Technik in Haus und Fahrbereitschaft

Das Hausmeisterteam bestand 2013 aus sechs Mitarbeitern im Haupt- und Ehrenamt. Die Vielfalt ihres Dienstes umfaßt

---

[8]Vgl. Jahresbericht 2013, S. 4-5.

das Kisten Schleppen, Waren Sortieren und nach Verfallda-
tum Auflisten, und Vieles mehr. Sie sorgen dafür, daß alles funktioniert und möglichst in Eigenarbeit gemacht werden kann. „Nur da, wo die Fachkenntnisse nicht vorhanden
sind und Gewährleistung notwendig wird, beauftragen wir
Firmen. Das spart nicht nur Spendengelder, sondern schult
auch noch den verantwortlichen Blick für die Einrichtung."[9]
Auch der Fahrdienst gehört zum Auftrag des Hausmei-
sterteams. Die Fahrer holen an vier Tagen in der Woche
von Bauern der Umgebung, vom Wochenmarkt, aus einer
Bäckerei und von Lebensmittelgeschäften die gespendeten
Naturalien und schaffen dadurch Voraussetzungen dafür,
daß die täglich bis zu 130 Mahlzeiten für die Gäste vorbereitet und ausgegeben werden können. Die Naturalien sind
Spenden, die uns helfen, „Gasthaus Jesu Christi" zu sein.

Was sich sonst noch begab

2014 schied Karlheinz Grube, pensionierter Lehrer des Kant-
gymnasiums mit 90 Jahren aus dem Tresendienst, wo er viele Jahre den Armen beeindruckend gedient hatte. Er ist ein
Beispiel dafür, daß es bei uns für den Dienst an den Armen,
den Freunden Gottes, wie bei Päpsten keine Altersbegren-
zung gibt. Es war bewegend wahrzunehmen, wie ein so alter Mann immer noch seinem Herrn dient. Gewiß hat die Atmosphäre, die von diesem alten Mann ausstrahlte, dem Café

---

[9]Vgl. Jahresbericht 2012, S. 23.

und seinen Gästen gut getan. Er war in unserer jugendsüchtigen Zeit sprechendes Symbol für den von Gott gesetzten Wert und die Würde des alten Menschen.

Die Vision eines Lebenshauses

Schon Stefan Burmeister hatte die Vision einer vom Glauben geprägten therapeutischen Wohn- und Arbeitsgemeinschaft auf einem Resthof. Er war bereit, mit seiner Familie und Freunden das Leben mit Menschen vom Rande zu teilen.

Im Februar 2009 bat Andreas Böhm zum ersten Mal, den Punkt „Lebenshaus" wieder auf die Tagesordnung des Vorstands zu setzen. In der Sitzung vom 2.3.2009 skizzierte er ein Konzept für die Gründung eines solchen Therapiehauses, wie es sie vielerorts bereits gibt. Es sollte an das Café angebunden, aber nicht in Neumünster liegen und etwa 20 Betreuungsplätze umfassen. Klienten sollten im Café Jerusalem geworben, aber grundsätzlich auch von städtischen Behörden benannt werden können. Im „Lebenshaus" würden sie durch Fachkräfte betreut. Nach erfolgter Stabilisierung könnten sie als Mitarbeiter wieder im Café Jerusalem eingesetzt werden. Die Finanzierung sollte durch die Gründung einer Stiftung gesichert werden.

Der Vorstand hatte keine Gewißheit, ob Gott jetzt wieder das Abenteuer des „Salto mortale" wünschte, oder ob Andreas Böhms Drängen zwar aus dem alltäglichen, sensibel wahrgenommenen Elend im Café verständlich, aber doch nicht von Gott verbürgt werde. Der Vorstand zögerte, angesichts der realen Finanz- und Personalengpässe, sich den Wunsch voll zu eigen zu machen.

Mehr als ein Jahr später, am 23.6.2010, verteilte Andreas Böhm in der Vorstandsitzung erneut werbend ein Konzept, das eine von ihm zusammengestellte Vorbereitungsgruppe am Kellersee inzwischen entwickelt hatte und bat den Vorstand, es zu prüfen, um es in die nächste Mitgliederversammlung einbringen zu können. Im September 2010 lag ein ausformulierter Satzungsentwurf vor.

Weil die Haushaltspläne des Vereins, der das „CJ" trägt, bisher in seiner Geschichte keine finanziellen Spielräume für ein solches Projekt erkennen ließ, skizzierte er mögliche Finanzierungs-Wege über Stiftungskapital, das damals vor der Zinskrise noch reichlich in Stiftungen zur Verfügung stand. Die seinem Finanzierungskonzept zu Grunde liegende Idee war die einer Stiftung, die allerdings das Spendenpotential der Muttergründung „Café Jerusalem" nicht gefährden dürfe.

Gegenüber der Vision Stefan Burmeisters, deren therapeutische Ziele ihr Fundament in einer christlichen Lebens- und Arbeitsgemeinschaft hatten, in die Stefan sich selbst mit seiner Familie einbringen wollte, war Andreas Böhms Konzept stärker vom Aspekt therapeutischer Professionalität geprägt.

Andreas Böhm skizzierte diese Vision für die Öffentlichkeit erstmals in der „Jerusalëmmer" 2009 zum 15jährigen Jubiläum:

„Unsere langjährige Erfahrung", schrieb er, „zeigt, wie tiefgehend die Hilflosigkeit vieler unserer Mitmenschen ist. Finanzielle Unterstützung und auch die regelmäßige warme Mahlzeit sind oftmals nicht mehr als der sprichwörtliche Tropfen auf den heißen Stein. Menschen, die unter Sucht und allgemeiner Lebensunfähigkeit leiden, brauchen einen umfassenden Lebensrahmen, der es Ihnen ermöglicht, langsam und ohne Vorbedingungen die Ordnung ihres Lebens wieder aufzubauen. Mit unserem Lebenshaus wollen wir einen solchen Rahmen schaffen.

Es soll Wohnstatt ohne Vorbedingungen, und, wenn nötig, ohne zeitliche Begrenzung bieten. Es soll Unterstützung bei der lebensweltlichen Orientierung gewähren. Er soll einen geschützten Raum schaffen, in dem ausgegraben werden kann, was verschüttet worden ist. Das heißt, es will mit den Gästen nach eigenen Kräften, Ideen und Glauben suchen. Es soll Hilfe zur Selbsthilfe bieten, ohne den Betroffenen zu überfordern.

Das Café Jerusalem ist in vielfacher Weise prädestiniert, in Zusammenarbeit mit vorhandenen Hilfseinrichtungen wie Krankenhäusern, Behörden und Kirchen ein so weitreichendes Angebot wie das Lebenshaus aufzubauen und zu unterhalten. Unsere Erfahrung qualifiziert uns für die-

171

se Aufgabe. Das hohe Vertrauen, das wir bei unseren Gästen genießen, ist eine solide Basis für die Betreuung im Lebenshaus. Und wir sind eine Einrichtung, die viele Aspekte des Lebenshauses schon bietet: Wir beraten, wir stellen Arbeit zur Verfügung (z. B. in der Redaktion und dem Vertrieb der Straßenzeitung). Wir bieten Mahlzeiten und Programme. Wir wünschen uns, dass uns mit Gottes Hilfe und der Unterstützung unserer Partner dieses große Projekt der Nächstenliebe in den nächsten Jahren sicher gelingen wird."[10]

Im Jahresbericht 2012 wird erneut das Lebenshaus vorgestellt. Unter der Überschrift „Das Lebenshaus, eine Vision, soll 2013 als Stiftung gegründet und nach und nach Wirklichkeit werden!" heißt es: „Das betreute Wohnen soll ein Angebot für Menschen im Einzugsbereich der Stadt Neumünster werden, die aufgrund ihrer Lebenssituation und einer damit zusammenhängenden seelischen Behinderung nicht oder nicht mehr in der Lage sind, ohne fremde Hilfe dauerhaft sozial integriert und abstinent zu leben. Menschen mit einer Suchterkrankung, die soziale Betreuung benötigen, denen ein stationärer therapeutischer Rahmen jedoch nicht möglich ist, bzw. die einen solchen nicht benötigen. Menschen mit einer Suchterkrankung, die nach der Therapie in einer Übergangs-, Nachsorge- oder Adaptionseinrichtung waren und noch weiterer Betreuung bedürfen. Menschen mit einer Lebensbewältigungsbe-

---

[10]Jerusalemmer 99, 2009, S. 34.

hinderung, die nicht die Anforderungen zur Aufnahme einer durch die gesetzlichen Kostenträger geförderten therapeutischen Einrichtung erfüllen. Aber auch Menschen mit besonderen sozialen Schwierigkeiten sind zu nennen, die zur Verringerung selbstschädigender Verhaltensweisen sowie zur Bewältigung krankheitsbedingter Defizite für die Aufrechterhaltung einer würdigen Lebensführung der systematischen Betreuung bedürfen."[11]

Inzwischen war sich der Verein darüber klar geworden, daß ein Lebenshaus das finanzielle Überleben des „CJ" unter keinen Umständen gefährden dürfe. Finanzielle Abhängigkeiten des Lebenshauses vom „CJ" sollten rechtlich eindeutig ausgeschlossen sein.[12]

In der Vereinssitzung am 18.3.2013 hatte Andreas Böhm bereits wieder über den Stand der Lebenshaus-Planung berichtet. Er habe Kontakte zu Beratern geknüpft und wolle bis Herbst 2013 nach Investoren suchen, um die Stiftung mit einem Gründungskapital von 50.000 € starten zu können.[13]

Für die Gründung einer Stiftung „Lebenshaus" war stiftungsrechtlich ein Grundkapital von mindestens 25.000 € die Bedingung. Um diese Stiftung initiieren zu helfen, machte die Mitgliederversammlung am 4.6.2013 einen grundlegenden Schritt, als sie einstimmig den Beschluß faßte, für das notwendige Gründungskapital einmalig einen

---

[11]Jahresbericht 2012, S. 24.
[12]Protokoll der Mitgliederversammlung vom 4.6.2013.
[13]Protokoll der Mitgliederversammlung vom 18.3.2013.

eventuell erforderlichen Differenzbetrag von bis zu 25.000 € aus dem Guthaben des „CJ" bereitzustellen.[14]

Voraussetzung für diesen Beschluß war eine Satzungserweiterung durch den Satz: „Der Verein darf Sachmittel und Zuwendungen für steuerbegünstigte Zwecke einer noch zu gründenden Stiftung Lebenshaus Café Jerusalem bereitstellen."

Am 23.9.2013 sind ca. 10.000 € an Gründungsspenden für das Lebenshaus eingegangen.[15]

In einer Projektgruppe wurde am Lebenshauskonzept weitergearbeitet. Hier wurde das tragfähige Stiftungskapital auf 4.5 Millionen kalkuliert. „Wegen der anhaltend niedrigen Zinsen soll die Gründung auf das Jahr 2016 verschoben werden und mit 660.000,00 € beginnen," heißt es im Mitgliederprotokoll des Vereins vom 10.3.2014. Und weiter: Vor der Gründung „müssen 150.000,00 € über Spenden gesichert sein."[16] Diesen Höhenflug ließ Gott jedoch sanft ausklingen, denn die Akquise von Investoren lahmte eindeutig, und das läßt sich gegenwärtig als Bewahrung verstehen. Denn das Risiko, auf Stiftungen zu setzen, war vor allem auf Grund der europäischen Zinspolitik allzu waghalsig. Wenn aber die Idee des Lebenshauses wirklich Konsequenz des von Gott erteilten Auftrags ist, den das „CJ" aufgenommen hat, gilt wohl auch hier für Gottes Sicht die natürliche Volksweisheit „Aufgeschoben ist nicht aufgehoben".

---

[14]Ebd.
[15]Protokoll der Vorstandssitzung vom 23.9.2013.
[16]Protokoll der Mitgliederversammlung vom 10.3.2014.

7. 20 JAHRE
EIN SEHR LANGER WEG IN KURZER ZEIT

Von der himmlischen Vision in die irdische Wirklichkeit

Wir hatten eine Vision und dachten nicht daran, den Psychiater aufzusuchen. Sie verdichtete sich im Namen Jerusalem.

Jerusalem war als heiliger Ort eine Asylstadt. In Asylstädte retteten sich schuldige und verzweifelte Menschen. Asylstädte waren ihre letzte Hoffnung. Es waren Menschen, die in ihrer Angst den Boden unter den Füßen verloren. In Asylstädten erfuhren Menschen Gottes starke Hand, die hält, schützt und birgt.

Jerusalem wird auch bezeichnet als Stadt, in der man sich begegnen soll. In Jerusalem sammeln sich Menschen, um Gott zu feiern. Hier richten sie sich auf. Sie erfahren, was vor Gott recht ist. Im himmlischen Lob Gottes gewinnen sie Kraft, auf ewig dem Leben zu dienen und nicht dem Tod.

Jerusalem ist am Ende der Bibel die himmlische Stadt des ewigen Friedens, in der Tränen nicht mehr geweint werden und Tod und Teufel ihre Macht endgültig verloren haben.

In der Offenbarung des Johannes, dem letzten Buch der Bibel, ist diese Stadt Symbol für den endgültig geöffneten himmlischen Raum, in dem Gott bei den Menschen zeltet in der Leichtigkeit des liebenden Seins, und das mit der auferweckenden Kraft, alle Tränen von den weinenden Augen abzuwischen. Dort sind im Bild gesprochen Gott und Mensch an einem Tisch vereint, und der Mensch ist nicht mehr des Menschen Wolf, einer ist vielmehr verbunden mit dem anderen in einer versöhnten, selbstvergessenen Liebe, die Gott lobpreisend anbetet.

Ja, Asyl soll das Café Jerusalem sein, ein Schutzraum für die Schutzbedürftigen. Die Vision unserer missionarischen Sozialarbeit hat ihre perspektivische Mitte in Jesus Christus, der sich selbst Diakon, also „Kellner" nannte. Christus bedient die Gäste, und jeder Mitarbeiter wird zu seiner Hand, seinem Ohr, seinem Mund. Gottes Liebe wird hinein gekocht in jedes Essen. So sah es begeistert vom Himmel her Stefan, unser Gründerdiakon. Jedes Gespräch wird zum Zeugnis einer Hoffnung, die machtvoller ist als der Tod. Jeder Blick, der einen Gast trifft, vermittelt die Gewissheit: Du bist willkommen. Immer wenn Mitarbeiter jemanden zu einem Amt begleiten, wird erfahrbar: Du bist nicht allein; du gehörst zur Gemeinschaft Gottes. So sollte es sein! Auch wenn es nicht immer so ist.

Zweifellos bleiben wir noch Irdischen, wir „von der irdisch kämpfenden Kirche" oft beschämend weit zurück hinter dieser Vision, die unseren Auftrag beschreibt. Und darin offenbart sich – auch diese Erfahrung ist Teil unseres Leitbildes –, daß wir selbst häufig scheiternde Bedürftige sind. Auch wir „Etablierten" leben umfassend aus der vergebenden Liebe Gottes: „Jesus nimmt die Sünder an", heißt es in einem Choral unserer Kirche. Wie sollte ich ohne diese Freiheit gewährende Erfahrung angesichts der zahllosen Schwächen, die ich an mir selbst und an anderen unübersehbar finde, dabeibleiben? Ja, wir leben wie unsere Gäste von der Vergebung. Hier liegt die geheimnisvolle Kraftquelle des Café Jerusalem. Hier sind in Gottes real-visionären Augen schon alle Menschen Schwestern und Brüder und das nicht mehr wie Kain und Abel. Gott hat uns ausgesucht – nicht weil wir Renommier-Modelle humaner Sozialarbeit wären, sondern weil er wie ein Puzzle-Spieler Stück um Stück zu sprechenden Bildern zusammenschiebt, und es paßt: Gott ist in den Schwachen mächtig und schafft in aller Schwäche ein starkes Angebot.

Wir wußten aus biographischer Erfahrung, daß allein Gott der Sünde gewachsen ist, niemals der an sich selbst glaubende humanitäre Mensch. Gewichtiger als moralisch so einigermaßen gelingendes Leben ist es, sich inklusive der Sünde – vielleicht verzweifelt – in die Hände Gottes zu werfen. Ich denke an Udo Sch., der als Alkoholiker und Sozialbetrüger auf der Parkbank starb. Er war allem täglichen Versagen zum Trotz eingestiegen in den Frieden, den Christus vom Kreuz herab verströmt. Er aß das Wort, wenn er in Husum auf dem Marktplatz saß, die Bibel auf dem Schoß. Er aß und trank Christus im Abendmahl, wenn er abends in der Anscharkirche einkehrte. Ich weiß nicht wie tief es ging, aber weiß ich das bei mir selbst? Das Verachtete, das Sündige, die Versager hat Gott erwählt. Wunderbares Bild für das Café Jerusalem ist, daß bei Udos Beerdigung zusammen mit anderen Christen ein Richter, der ihn vielleicht von Amts wegen hätte richten sollen, die Posaune spielte. Udo ein „Königskind"! Wir schämen uns des Evangeliums nicht: Das Verachtete hat Gott erwählt.

Wir haben das Projekt Café Jerusalem nicht auf dem Reißbrett entworfen oder ein fertiges Konzept aus der Tasche gezogen. Stefan Burmeister hat sensibel, aber kraftvoll jeweils auf die gegebene Situation reagiert. Am Anfang stand das Café als Jesu Christi Speisezimmer für die Armen. Dann kam die Arbeitsbeschaffung, Möbellager und Second-handshop wurden ein großer Betrieb und mußten dann doch als Irrweg wieder liquidiert werden. Aber vor allem entstand ein ausstrahlender Gemeinschaftskern – die Familie des Café Jerusalem.

Bewahrt auf einem Weg voller Gefahren

Geistliche Leitung

Leben bedarf der ordnenden Leitung. Das gilt für Kirche genau so wie für alle Bereiche der Gesellschaft. Radikale

Gleichheit und Gleichstellung aller Menschen, totale Demo-
kratie der Gleichen überall, wo Leben sich ereignet, hätten
unter den Bedingungen des Menschen, wie er nun einmal
ist, überall Leben zerstörendes Chaos zur Folge. Das gilt
für christliche Sozialwerke genau so wie für Wirtschafts-
unternehmen, ein Krankenhaus oder eine NGO. Für das
Café Jerusalem war grundlegend, daß Gott für seine Idee
die exakt passenden Leiter berief, und das tat er mit großer
Treffgenauigkeit in Stefan Burmeister und Andreas Böhm.
Ihre von Gott inspirierte Fantasie und Aufmerksamkeit
formte im Alltagsvollzug die Café-Gestalt. Sie haben diesen
Gestaltungsprozeß geleitet – mitdenkend, mitformulierend,
zupakend. All das wäre ohne vielseitig begabte, motivierte
Mitarbeiter, die Gott nicht weniger dringend berufen hatte,
nicht möglich gewesen. Jeder einzelne, ob Frau oder Mann
für das Ganze von gleichem Wert. Hätten sie gefehlt, die
Frauen und Männer in der Küche oder am Tresen, im Putzdienst oder in der Verwaltung, im Hausmeisterdienst oder
in Seelsorge und Beratung, im Verein oder im Vorstand,
dann hätte die begabteste Leitung ins Leere gegriffen. Aber
ohne sie, die passend berufenen Leiter, wäre auch nichts
geworden. Darum gliedern sie in meiner Wahrnehmung
die Café-Geschichte.

Nach 7 hingegebenen Jahren war Stefan, der Raum greifende Gründerdiakon, ausgebrannt. Er konnte und wollte
nicht mehr. Es schmerzte uns, ihn zu verlieren. An seiner
Seite standen zu spät und zu kurze Zeit zwei Sozialpäd-
agoginnen. Für Leitungsaufgaben im Möbellager hatten wir

179

Rainer A. gewonnen, einen Erzieher in bizarrem Outlook, mit erheblichen Problemen zu glauben, aber einer tiefen Zuneigung zu denen vom Rande. Er hatte ein feines Gefühl für Recht und Unrecht und half uns am Ende, das Möbellager mit den vielen Mitarbeitern aufzulösen, nachdem sich dort sogar so etwas wie eine mafiose Struktur im Kleinformat gebildet hatte, die Geschäfte zur privaten Bereicherung machte. Rainer blieb mit Unterbrechungen fast 20 Jahre ein tragender Mitarbeiter.

Als unsere leitungsbegabte Sozialmanagerin plötzlich am Gehirntumor erkrankte und starb, schenkte Gott uns in Andreas Böhm den Nachfolger für Stefan Burmeister, der die Fähigkeit mitbrachte, das unter Stefan gewachsene Armen-Projekt fortzuführen. Es war alles entstanden, was das „CJ" heute noch ausmacht. Aber es war gewuchert und bedurfte des Gärtners, der zu beschneiden verstand, und einer präziseren Struktur und der Konzentration auf Gottes Kernauftrag. Andreas, verheiratet mit einer Ärztin, Vater von drei Kindern, geistlich gestählt durch ein spendenfinanziertes Jüngerschaftstraining bei der charismatischen „Jugend mit einer Mission", lebte nicht nur einen weit ausgreifenden Glauben, sondern war auch mit der Fähigkeit begabt, diesen Glauben in realistische Schritte umzusetzen, Menschen im Team mitzunehmen und in einen geistlichen Lebensstil einzuüben. Auch um ihn herum entwickelte sich ein belastbarer Mitarbeiterkreis.

Das „CJ" neue Familie auf dem Weg zu Gott

Die Café-Gemeinschaft wurde für manche zur Ersatzfamilie, und Jesus Christus wird dort zu einer heilenden Provokation für Verbitterte, Enttäuschte und Schuldige. In den Mitarbeiterbesprechungen saßen die Mitarbeiter – manche aus der Szene – und machten mit, wenn Stefan Burmeister und nach ihm Andreas Böhm, als geistliche Leiter, ein Lebenstraining aus Gottes Wort boten. Morgens begann der Arbeitstag und die Gastfreundschaft mit einer knappen Andacht. Die Arbeit mit der Bibel ist unverzichtbar. Viele unserer Gäste sind gebrochene, durch die Sucht behinderte, durch jahrelange Arbeitslosigkeit, durch Scheidung oder Obdachlosigkeit entmutigte Menschen, denen unsere Mitarbeiter zuhören. Es kommen zu uns inzwischen alte Menschen, die es in ihrer Einsamkeit nicht mehr aushalten. Es kommen junge Mütter, die mit der Sozialhilfe nicht auskommen.

Ja, das Café Jerusalem ist im Ansatz so etwas wie eine Familien-Gemeinschaft, die offen ist auch für Menschen, die leider trinken, bis wir sie beerdigen. Kommt in manchen Familien vor. Bei uns sind diese Menschen Gottes willkommen, weil sie für Gott einen unendlichen Wert haben, nicht weil wir gut sein wollen. Dieser kleine Unterschied wächst aus dem Jesus-Gott-Glauben, nicht aus der leistungsbereiten Moral des mehr oder weniger guten modernen Menschen.

Gott hat uns hingegebene kreative Leiter und Mitarbeiter

geschenkt, durch die Jesus Christus dem Café Jerusalem sein Familien-Profil gab. Gott möchte integrieren und verbinden. Die Jerusalemer Familiengemeinschaft im Café soll einladend offen sein. Christi Wunsch ist, daß Lehrer, Maurermeister, Postangestellte und andere, die ihren Platz in der bürgerlichen Gesellschaft gefunden haben, auf einen Kaffee ins Café kommen, um wenigstens für einen Augenblick mit dem Suchtkranken an einem Tisch zu sitzen. Es könnte der eigene Sohn oder Bruder sein. Es ist gar nicht so schwer. Gottes Familie darf sich nicht verkriechen, sie braucht die Öffentlichkeit. Darum wollten wir nicht an den Stadtrand oder in die Sackgasse, in die kaum jemand geht. Unser Familien-Haus muß offene Türen und Fenster haben, durch die man einen Blick werfen kann. Inzwischen haben wir längst dieses Haus in der Bahnhofstraße.

Zu uns kommen die Menschen, die nicht selten an den Schreibtischen der vielen Beratungsstellen abgeprallt sind. Sie konnten sich trotz vieler engagierter Bemühungen von zahlreichen, fachlich oft hervorragenden Sozialagenturen nicht in die genormten Hilfsangebote einklinken. Die Gesellschaft ist keine „Familie". Bei uns sollen sie einen Schutzraum mit Familienatmosphäre finden. Darin sind wir bisher wohl unersetzbar. Bei uns sind sie willkommen, weil sie für Gott einen unendlichen Wert haben, Gott sie in der Taufe als Vater adoptiert hat oder dies mit Leidenschaft will, und wir das glauben: Vater unser! Mutter Theresa sah die Wurzel des Leides vieler Menschen darin, unerwünscht zu sein. Wir glauben, daß Jesus Christus selbst im Café Jerusalem der Gastgeber und Hausherr ist, und das weitet das Herz. So entsteht Jesu Christi Familie als Kontrastmodell gegen die am Ende immer in Einsamkeit vereisende Geisteshaltung des modernen Individualismus, der sich einem grotesken Mißverständnis des christlichen Menschenbildes verdankt.

Gottes Schmerz ging am CJ nicht vorüber

Weh tat in allen Jahren das Sterben von Menschen, deren Lebenskraft ein armseliges exzessives Leben mit Alkohol und Drogen zerrüttet hatten. Für manchen von ihnen gestalteten wir vom CJ den Trauergottesdienst und sorgten dafür, daß sie nicht irgendwo anonym verscharrt wurden. Es waren „im Dennoch" Glaubensfeste. An Udos Beerdigung in der Anfangszeit wirkte der ganze Posaunenchor der Luthergemeinde mit. Weh tat es, daß ausgerechnet Beate Kuhn am Gehirntumor erkrankte. Wir waren alle voller Erwartungen gewesen: Endlich wieder eine stabile Leitungskraft, wie wir sie so nötig hatten. Und dann mitten in der Arbeit der Tumor auf den Tod hin, und alle Gebete halfen nichts. Sie starb. Warum Gott? Immer neu stand die Frage im Raum: Lebt Gott? Wenn ja: Hält er? Ja, aber wenn er hält, dann immer bis in den Himmel, und dann wird alles gut. Aber auf Erden hilft das nur dem, der glaubt, und jenseits des Todes werden wir uns alle über unseren Kleinglauben wundern. Aber es wurde auch manches bis heute ein wenig gut, auch unter uns hier auf Erden – nicht alles gewiß. Eines der Zeugnisse ist Imkes Brief: „Ich bin auch mit Eurer Hilfe frei von Drogen." Ihr Freund Dieter hatte es immer noch nicht geschafft.

Wir haben beglückende Erfahrungen gemacht. Aber die entmutigenden ließen sich nicht verdrängen. In ihnen wurde unser Glaube dem Extremtest ausgesetzt. Dieter zum Beispiel, Imkes Freund. Ich sehe noch, wie er mit Drogen voll „gedröhnt", eine Fahradkette in der Hand, alle Café-Fenster zertrümmerte und seine schmerzenden Aggressionen herausbrüllend von der Polizei eingesammelt werden mußte. Udo, die Bibel gleichsam in der Hand, dem Alkohol verfallen, röchelte nachts auf der Parkbank, von der er nie wirklich herunterkam, ohne einen Menschen an der Seite sein Leben aus. Und doch war er nicht allein. Jesus war bei ihm. Diesen Glauben zu leben, das ist der Auftrag des Café Jerusalem. Solange jedes Essen diesen Auftrag, hinein gedacht, verleiblicht, ist das „CJ" auf Jesu Spur.

All die Jahre hindurch konnte es jederzeit im „CJ" auch gefährlich bedrohlich werden. Nur ein Beispiel: Im Protokoll der Mitgliederversammlung vom 11.11.2013 heißt es: „Es gibt Situationen, bei denen man die Gewalttätigkeit der Gäste nicht unterschätzen darf. Eine solche Situation gab es in der letzten Woche, in der die Mitarbeiter Angst hatten und bereit waren, die Polizei einzuschalten. Es ging dann doch glimpflich aus. Aber Andreas bittet dringlich, mehr im Gebet für das Café Jerusalem ein zu stehen. Ein fester Gebetstermin ist der erste Freitag eines Monats um 11:00

Uhr im Café Jerusalem."

Wechsel im Vorsitz

Pastor Christian Andersen wurde 2012 nach dem Ausscheiden von Dr. Müller zum ersten Vorsitzenden gewählt.[1] Christian Andersen trat jedoch bereits im Dezember 2013 vom Amt des 1. Vorsitzenden wieder zurück[2] Am 23.3.2015 wurde Pastor Christian Hübscher zum 1. Vorsitzenden gewählt.[3]

2014 – Predigt zum Jubiläum

„Und Jesus richtete seine Augen auf die Jünger und sprach: Glückselig ihr Armen, denn euer ist Gottes Reich." (Lukas 6,20)

Arm zu sein ist nicht lustig, es ist kein Vergnügen. Ich weiß, wie es sich anfühlt, arm zu sein: Als meine Mutter 1947 vom Sozialamt lebte und ich zum Milchmann mußte ohne Geld, mit der Bitte, den Betrag bis zum Monatsende anzuschreiben. Ich weiß, wie sich Armut anfühlt: Mei-

---

[1] Amtsgericht Kiel Registergericht, 26.11.2012, Aktenzeichen VR 449 NM, Nr. 7.
[2] Amtsgericht Kiel 16.12.2013, VR 449, NM.
[3] Amtsgericht, Registergericht VR 449 NM, Urkundenrolle 2015, Nr. 450.

ne Mutter, zehntes Kind von elf, ist in Armut groß geworden. Es hat sie verunsichernd geprägt. Die elf Kinder lebten mit ihren Eltern in einer 2-Zimmer-Wohnung ohne Bad und WC auf 48 qm. Obwohl meine Mutter die Dritt-Beste in der Grundschule war, durfte sie nicht auf die weiterführende Schule, weil das Schulgeld und angemessene Kleidung fehlten. Ich weiß, wie eingeschränktes Leben sich anfühlt. 25 Jahre meines Lebens bin auch ich in einer 2-Zimmer-Wohnung groß geworden. Mein Bett war das Sofa im gemeinsam genutzten Wohnzimmer, mein Schreibtisch stand im Schlafzimmer meiner Eltern auch noch als ich zum Ende des Studiums die Examensarbeit schrieb.

Aber war die Familie meiner Großeltern wirklich arm? Ja und nein. Sie waren kinderreich. Sie haben in Kindern elf Chancen ans Leben gegeben. Meine Mutter war das zehnte Kind. Hätte meine Großmutter abgetrieben, gäbe es mich nicht, hätte es meine 17 Vettern und Cousinen nicht gegeben; gäbe es auch meine 4 Kinder nicht, auch nicht unsere Enkelkinder. Was für ein Reichtum an Leben, dem meine Großeltern Chancen gegeben haben mitten in der Armut. Auch das ist Vermögen: Mein Großvater hatte die Kraft, bis 75 mit seinen Muskeln und Knochen zu arbeiten, und Gott hat ihm 92 Lebensjahre in beachtlicher Gesundheit geschenkt. Ist das kein Reichtum?

Zweifellos lebt es sich erheblich leichter mit einem auskömmlichen Gehalt, aber wenn der Arzt einem auf die bange Frage „Ist es ein bösartiger Krebs?" sagt „jein" oder gar „ja" dann schrumpft das Geld auf 0 zusammen. Der Hamburger Prof. Thielicke, den ich als Schüler wegen seiner Sprachgewalt sehr verehrte, sagte einmal: „Ihr wißt gar nicht, wie viel Elend in den Millionärsvillen der Hamburger Elbchaussee aufgestapelt liegt. Was wenn der Millionärssohn den Drogen verfällt und kaputt geht, weil er nicht darüber hinwegkommt, daß sein Vater sich von der Mutter scheiden ließ, um die 20 Jahre jüngere Chefsekretärin zu heiraten. Ist dieses Elend nicht auch schreckliche Armut? Was ist Armut, was Reichtum? Es gibt offenbar verfluchten Reichtum und gesegnete Armut. „Besser wenig mit der Furcht des HERRN als ein großer Schatz, bei dem Unruhe ist," heißt es in den Sprüchen der Bibel. Oder: „Besser ein Gericht Kraut mit Liebe als ein gemästeter Ochse mit Hass dabei." Es gibt gesegneten Reichtum und verfluchte Armut.

Jesus sagt: „Glückselig sind die Armen, denn ihnen gehört das Himmelreich." Armut ist ein Schlüssel, der die Himmelstür öffnet. Ich wäre nicht Christ, wenn ich nicht Armut, manchmal verzweifelte, gespürt hätte. Ich kenne keinen Menschen, der - rundum satt - Christ geworden wäre. Zwar lehrt Not fluchen, aber nicht selten auch beten. Alles hängt allerdings daran, ob Gott eine Luftnummer ist und etwas, was es gar nicht gibt, in schöne leere Worte faßt oder ob er aus Himmelserfahrung heraus spricht. Ob seine Worte, wie Karl Marx, der große Jude, es nannte, Opium für das Volk sind, also ein Rauschmittel, um den Menschen, vor allem den Milliarden von ausgebeuteten und geschundenen Armen, die Sehnsucht nach Gerechtigkeit zu stehlen. Oder ob Gott den Armen im Himmel wirklich wunderbar reiche Tische gedeckt hat.

„Lieber Gott, komm doch mal runter, und schau dir die

Bescherung an", sang Stefan Sulke, „Du Lieber Gott, Komm doch mal runter. Ich schwör Dir, dass man hier verzweifeln kann". Gott ist runtergekommen, er ist Mensch unter Menschen gewesen, das wirkliche Sterben inklusive. Das ist der christliche Glaube. Der Gott, der das Weltall nicht nur am Anfang entstehen ließ, der es bis heute in seiner Hand hält, Sie und mich auch, der wurde Mensch, um unsere Verzweiflung am eignen Leibe wahr zu nehmen, um zu spüren, wie sich Schuld anfühlt. Er wurde ein armseliger Mensch: Jesus. Von ihm heißt es: „Jesus Christus, Gottes Sohn, obwohl er reich ist, wurde er doch arm um euretwillen,..." Gott lebte auf der Erde, die er schuf, besitzlos, obdachlos. „Die Füchse haben Gruben und die Vögel unter dem Himmel haben Nester", sagte Jesus; aber „ich, Gott, habe auf dieser Erde nichts, wo ich mein Haupt hinlege." Sein wirkliches Eigentum liegt im Himmel. Wir Christen glauben an einen Gott, der, von einer geradezu verrückten Sehnsucht nach uns Menschen getrieben, mit uns leben möchte. Es wäre ihm ein Leichtes uns zu Millionären zu machen. Das Geld würde uns am Ende nichts nützen, denn damit hätten wir Gott noch nicht. So wie ich mich und viele Menschen kenne, würden wir die Millionen mehr lieben als Gott, der sie uns gegeben hätte, und wir hätten in Wirklichkeit nichts gewonnen. Es wäre ihm ein Leichtes, uns einen Stern am Himmel für einen galaktischen Schrebergarten zu schenken, wir blieben arme Schlucker ohne ihn dort. Was ist Armut, was Reichtum?

Franz von Assisi, der Millionärssohn, der an der Wende vom 12. zum 13. Jh. lebte, warf sein Millionenerbe dem Va-

ter vor die Füße und wählte die Armut Gottes, weil er wußte: Der Mensch lebt nicht vom Geld allein, auch nicht vom
Brot, sondern der Mensch geht ohne den Gott, der die Welt
und alles Leben geschaffen hat – auch mich den kleinen,
oft armseligen Menschen – kaputt, spätestens, wenn mich
der Beerdigungsunternehmer verarbeitet. Ein Bazillus, ein
mikroskopisch kleiner Virus, kann meinem Leben ein Ende setzen. Alles Leben ohne Gott ist armseliges Leben. Alles
liegt daran, Jesus Christus, den Gott, der Mensch wurde, zu
finden. Franz fand ihn in der Armut, die den Himmel öffnet. Anekdote: Ein Pfarrer kommt an den Himmel, wo ihn
Petrus begrüßt. „Bruder Petrus, laß mich zuerst einen Blick
in die Hölle werfen." Petrus gestattet es. Der Pfarrer sieht
Menschen an einer reich gedeckten Tafel mit allen Köstlich-
keiten. Aber die Menschen haben lange Löffel an den Armen und füllen diese mit den köstlichsten Speisen und versuchen verzweifelt die wunderbar duftenden Speisen in den
Mund zu schieben. Es gelingt nicht, die Löffel sind zu lang.
Eine verzweifelte Situation. Der betroffene Pfarrer: „Bruder
Petrus, laß mich jetzt den Himmel sehen." Lange reich ge-
deckte Tische. Wunderbare Speisen, die das Wasser im Mun-
de zusammen laufen lassen. Dasselbe Bild wie in der Hölle. „Aber Petrus?" „Pfarrer, sieh dir die Menschen an. Sie
genießen." Auch sie haben die langen Löffel festgebunden
an den Armen. Aber hier ist das kein Problem, denn kei-
ner denkt an sich selbst zuerst, jeder füttert liebevoll seinen
Nachbarn. Das ist die Idee, die Gott durch Jesus Christus
auf die Erde brachte. Und dies ist die Grundidee von Café
Jerusalem. Wir wollen Christen sein, weil wir unsere Armut

kennen. Das Café Jerusalem lebt aus dem Glauben. Es gäbe es nicht, wenn Jesus Christus nicht aus dem Himmel gekommen wäre, um seine Liebe in unsere Armut hineinzu-
gießen. Er hat uns versprochen, selbst der Gastgeber zu sein.
Er ist da, um das Essen, das bei uns gekocht wird, zu segnen. Es vermehrt sich unter Jesu Segen durch die Hilfe vieler Menschen. Jedes gut gekochte Essen ist ein Hinweis auf
den Himmel, der offen steht für jeden, der glaubend Gott
das Herz öffnet. Der Mensch lebt nicht vom Brot allein. Jedes Wort kann zum Schlüssel werden, der die Himmelstür
öffnet. Mancher unserer Gäste ist gestorben, weil vielfältige
Formen von Armut oder Süchten seine Gesundheit unter-
graben haben, aber angesichts der geöffneten Himmelstür,
gestärkt durch einen Löffel im Café Jerusalem gewonnener
Himmelserfahrung stirbt es sich leichter. Gott, der es ohne
uns im Himmel nicht aushält, hat sich im Café Jerusalem eine Begegnungsstätte geschaffen. Was ist Armut, was Reichtum? Wer Gott begegnet, ist reich, selbst wenn er auf dem
letzten Loch pfeift und keinen Cent auf der Naht hat. Dieser Reichtum ist das Geheimnis des Café Jerusalem. Amen,
wahrhaftig, das ist wahr!

Gottlob – 7 Jahre
Wachstum mit Stefan Burmeister

In Stefan Burmeister stand von vornherein ein zweifellos
von Gott gerufener, hingegebener, hochmotivierter, für den
Aufbau dieser Einrichtung begabter, zupackender und sich
„in aller Schwäche" einbringender Leiter zur Verfügung.
Gott hat nicht zuletzt durch ihn dem Glaubenswerk in 7 Jahren Gestalt und Gesicht gegeben. Es war ein Fundament, auf
dem sein Nachfolger aufbauen konnte. Gott liebt treue Kontinuität.

 Sehr bald standen, durch Gott gerufen, sich abwechselnd
und ergänzend rund 40 ehrenamtliche Mitarbeiter aus den
Kirchengemeinden und der Stadt zur Hilfe bereit, die sich in
unterschiedlicher sachlicher und zeitlicher Intensität unter
Stefan Burmeisters Leitung einsetzten. Mit ihnen zusammen
hat er ein umfangreiches Hilfs-Angebot aufgebaut, das täglich warme Speisen, Getränke, die Möglichkeit zum Kleider-
wechsel, hygienische Unterstützung, Gespräche, Beratung,
Begleitung und anderes mehr umfaßte. Von Anfang an war
es für uns und Stefan Burmeister entscheidend wichtig, den
„Gästen vom Rande" die Erfahrung zu vermitteln, daß im

Abbildung 7.1.: Stefan Burmeister – Abschiedsgruß?

Café ihre von Gott gegebene Würde unter allen Umständen geachtet wird.

Frühzeitig gab Stefan Burmeister Betroffenen die Gelegenheit, sich – wenn sie es wünschten – an der Arbeit zu beteiligen. Auf diese Weise wurden aus Gästen und Hilfesuchenden schrittweise Mitarbeiter.

Aus diesen anfänglichen Erfahrungen im Café-Betrieb

heraus, daß nämlich viele unserer Gäste im Rahmen ihrer Möglichkeiten gern mitarbeiten wollten, installierte Stefan Burmeister 1995 im Bereich der sozialen Dienste für die Stadt die beiden weiteren Arbeitsbereiche: einen Second-Hand Möbel-, Kleider-, und Haushaltsmarkt und das Straßenzeitungsprojekt „Der Jerusalëmmer". In beiden Projekten entstand eine beachtliche Zahl von Arbeitsplätzen in differenzierten Arbeitsverhältnissen, und aus dem Hilfsangebot entwickelte Stefan Burmeister zunehmend in den gegebenen Grenzen eine Selbsthilfeeinrichtung.

Zur Stabilisierung des Cafés und zur Integration in die Stadt gestaltete Stefan Burmeister eine Fülle von hilfreichen Kontakten und ein Netzwerk von wichtigen Beziehungen:

- Zum Auf- und Ausbau, sowie zum Erhalt der Einrichtung trug die gründliche und fantasievolle Öffentlichkeitsarbeit von Stefan Burmeister ganz wesentlich bei. Sie umfaßte viele und vielfältige Veranstaltungen und hervorragende Kontakte zur Presse. Wir hatten schnell selbst das NDR-Fernsehen zu Gast. Sachlich stellte er die Einrichtung in Kirchengemeinden, bei Parteien und Verbänden vor.

- Stefan Burmeister verstand es, unsere Einrichtung in das sozial-psychiatrische Netz der Region einzubinden und sie in den Arbeitskreisen dieses Netzes zu vertreten. Er gewährleistete und förderte im Interesse unserer Klientel die Kooperation zwischen uns und den spezialisierten Hilfeinrichtungen der Stadt.

- Er stellte Kontakte zu den Gremien der Stadt, dem Arbeitsamt, dem Gesundheitsamt, der Polizei und dem Sozialministerium her und nahm die Zusammenarbeit auf. Sein überzeugendes christliches Engagement, und seine unkonventionelle Lauterkeit fanden Achtung und Anerkennung bei den Vertretern der staatlichen Stellen, und das förderte unsere Einrichtung.

Als 1995 die Stadt Neumünster in Zusammenarbeit mit der kirchlichen Diakonie eine Zentrale Beratungsstelle für Menschen in Wohnungsnot mit Übernachtungsstätte einrichtete und 1996 eine Tagesstätte hinzufügte, verlagerte Stefan Burmeister das Schwergewicht von der Obdachlosenarbeit zunehmend hin zu einer niederschwelligen Randgruppenarbeit mit Reintegrationsmaßnahmen wie z.B. der Einübung in die Strukturierung des Tagesablaufs. Schon die Arbeitsbeschaffungsangebote unserer Einrichtung waren in diese Richtung gezielt. Zunehmend mehr nahmen die Stadt Neumünster, das Land Schleswig-Holstein und das Arbeitsamt die Projekte unserer Einrichtung wahr, fanden sie wichtig und finanzierten Anstellungsverträge, so daß Mitarbeiter, die nicht selten mit Suchtproblemen zu kämpfen hatten, nach oft jahrelanger Sozialhilfe-Abhängigkeit wieder Arbeit, verbunden mit einem zwar geringen, aber festen Gehalt, erhalten konnten. Vorrangige Maßnahmeziele dieser Projekte waren u.a. das Einüben von Grundarbeitstugenden wie Pünktlichkeit, Kontinuität, soziale Kompetenz. In wöchentlichen Dienstbesprechungen versuchte Stefan Burmeister den Mitarbeitern trotz ihrer oft schweren Haltungsschä-

194

den Inhalte, Struktur und Ziele unserer Arbeit zu vermitteln und damit Motivation und Engagement zu verändern.

Das Kraftzentrum dieser Sozialarbeit sah Stefan Burmeister im Gottesdienst, in dem Gott durch sein heiliges Wort in das Leben des Menschen, nicht zuletzt des gebrochenen Menschen hinein spricht, ihm die gute Richtung weist und heilend im hörenden Menschen Glaube weckt. Dieser Glaube lobt und preist Gott und das geschenkte Leben. Höhepunkt dieses Gottesdienstes, dem Stefan Burmeister in einer „Gemeinde der Armen" Gestalt geben wollte, sollte das Heilige Abendmahl, das leibhaftige Essen und Trinken der Liebe Gottes sein.

Aber es gelang nicht, neben dem Café eine „Gemeinde der Armen" um das Heilige Abendmahl wachsen zu lassen. Dafür war die Zeit wohl nicht reif. Die geistlich tragenden Mitarbeiter blieben in ihren Gemeinden. Der Gottesdienst blieb glimmendes Stückwerk. Das von uns aufgenommene Glaubenswerk konnte nicht die geistliche Kraft entwickeln, das Sozialwerk wirklich zu durchdringen. Gott weiß, warum.

Gottes gute Wahl
18 Jahre mit Andreas Böhm

Andreas Böhm hat das Café Jerusalem seit dem 1. Oktober 2001 geleitet. Seine Aufgabe bestand zunächst darin, sich leitend und analysierend in das Bestehende einzufügen. Mit Sensibilität und zugleich analytischem Blick nahm er

wahr, daß die enorme Wachstumsdynamik der ersten 7 Jahre nach außen der Konsolidierung durch geistliches Wachstum nach innen und in die Tiefe bedurfte, wollte die Einrichtung den missionarisch-sozialen Gründungszielen entsprechen. Manches war angesichts eines viel zu geringen Mit-
arbeiterstamms gewuchert und mußte beschnitten werden.
Für diese Phase der beobachtenden Leitung nahm Andreas
Böhm sich bis 2003 Zeit. Grundlegend für die Konsolidierung wurde schon in dieser Zeit die geistliche und sozial-
kommunikative Mitarbeiterschulung, die er wieder konzentriert aufnahm. Das blieb seine wichtigste Aufgabe.

2014 – am Ende des Zeitraums, den dieses Buch umfaßt –
waren es 20-30 ehrenamtliche Mitarbeiter, die sich wöchentlich zu offenem Austausch, Schulung und Gebet trafen.
Alle zwei Jahre organisierte und leitete er ein intensives
Wochenende, das dem geistlichen und sozialen Training
der Mitarbeiter und Vereinsmitglieder diente. Unter seiner
Leitung ist ein belastbares, gastfreundliches, kompetentes
Team entstanden, in dem man Konflikte aushalten und
geistlich-menschlich zu bearbeiten suchte und oft auch
lernte.

Die Gäste, die mit vielfältigen Defiziten über die „niedrige" Schwelle des „CJ" traten, brauchten ausgehend von Essen und Trinken Leib- und Seelsorge. In Andacht und Tischgebet wird wie schon bei Stefan Burmeister wahrnehmbar,
daß das „CJ" ein Gasthaus Jesu Christi ist.

Durch seine ebenfalls verläßliche Vernetzung mit den
städtischen Einrichtungen findet im CJ dringend wichtige

Gesundheitsberatung statt. Wie sein Vorgänger hat auch Andreas Böhm ein vertrauensvolles Verhältnis ebenso zur Polizei wie zur JVA oder – nicht unwichtig – zur Presse aufgebaut und gepflegt. Gäste, die verhaftet wurden, betreute er als Seelsorger in der JVA. Mit energischem Nachdruck trat er bei den Sozialbehörden für Menschen ein, die durch ihre Defizite der Verwahrlosung verfallen und unter menschenunwürdigen Verhältnissen vegetieren.

Immer wieder sterben nach wie vor Gäste des CJ. Als geistlicher Leiter begleitete auch er sie nicht selten zum Grab, und es kam unter seiner Leitung zu bewegenden Trauergottesdiensten auf dem Friedhof.

Durch seine Fähigkeit, offen und ohne Scheu auf Menschen zuzugehen, hat er immer wieder die Unterstützung von Firmen gewonnen, die uns mit Lebensmitteln versorgen und unseren Etat entlasten. Unter seiner Leitung ist eine Küche entstanden, die umfassend professionellen Restaurantstandards entspricht.

Seit 2006 hat Andreas Böhm eine enge Beziehung zur Fachklinik Ruhleben aufgebaut, durch die suchtkranke Gäste kompetente Hilfe erfahren können.

Sehr schnell hatte sich ihm wie auch schon Stefan Burmeister die Notwendigkeit eines „Lebenshauses" aufgedrängt, in dem Menschen mit ambulant nicht zu überwindenden Defiziten unter der alten benediktinischen Regel der *„stabilitas loci"* – eines stabilen Ortes – in einer therapeutischen

Gemeinschaft leben können.

2009 hat Andreas Böhm das Straßenmagazin „Jerusalëmmer" grundlegend umgestellt und mit professioneller Hilfe angefangen, es auch wirtschaftlich zu sanieren. Es ist ein ansehnliches informatives Magazin geworden. Unter seiner Leitung wurde unsere Einrichtung Vollmitglied im International Network of Streetpapers (INSP), was unseren Mitarbeitern nicht nur einen Motivationsschub und Material, sondern auch Schulung gab.

Durch Andreas Böhms Kontakte kamen internationale christliche Teams in unsere Einrichtung, und das weitete Mitarbeitern und Gästen den Erfahrungsrahmen. Andreas Böhms Kreativität führte immer wieder neu zu innovativen Projekten wie dem Jerusalemtaler oder den Jerusalemer Postkarten. Auch die Sommer- und Weihnachtsfeste und Jubiläen hat er präzis und kreativ organisiert.

Als Leiter hat er sich nie elementaren Diensten entzogen. Auch er hat das Essen gekocht, wenn Köchinnen fehlten, auch er hat den Gastraum geputzt oder die WCs gescheuert, wenn kein anderer verfügbar war. Bei Personalengpässen ist auch Andreas Böhm nicht selten über seine Grenzen gegangen. In ihm hatte unsere Einrichtung einen missionarischen und sozialkompetenten Leiter, dem es selbstverständlich war, seine Christuserfahrung mit Mitarbeitern und Gästen zu teilen.

8. Zwei Beispiele aus dem grossen Kreis der Mitarbeiter

Zum Beispiel: Christa Marklin

Christa Marklin hat nach sechs Jahren in präziser Sprache, die der Exaktheit des Finanzwesens entspricht, ihren Einsatz für das Café Jerusalem unter der Überschrift „Man kann sich Gottes Auftrag nicht entziehen" beschrieben.

„Als mein geordnetes Leben durch den Konkurs der Firma Sager Söhne etwas durcheinandergeriet, immerhin arbeitete ich in diesem Unternehmen fast 30 Jahre (zuletzt als Prokuristin in der Finanzbuchhaltung), war ich dankbar, bereits einige Zeit früher durch die Teilnahme am Grundkurs Glauben, die Mitarbeit im Hauskreis bei Pastor Müller und den Besuch des Lobpreisgottesdienstes eine neue Nähe zu Jesus Christus gefunden zu haben.

Die Idee von Mitgliedern der Evangelischen Allianz und dem Diakon Stefan Burmeister, Randgruppen unserer Gesellschaft auch in Neumünster und unter christlichem Dach eine Bleibe zu bieten, war für mich ein Signal, mein Leben auch noch mehr und konkreter unter das Motto der christlichen Nächstenliebe zu stellen. Ich wusste, dass hier eine Aufgabe auf mich wartete! Allerdings war mir die Tätigkeit als Schatzmeisterin gedanklich so fern wie das Ende der Welt. Zu der Gründungsversammlung des ‚Café Jerusalem' wurde ich von Pastor Müller mit der Bitte eingeladen, das Amt der Schatzmeisterin zu übernehmen, was ich im Grunde ablehnte – allerdings mit der naiven Bemerkung: ‚Ich mach es nur, wenn sich kein anderer findet¡ Dass sich da dann niemand mehr fand, ist mir heute auch verständlich!

Zudem (wie bereits oben erwähnt), kann man sich Gottes Auftrag nicht entziehen! Letztlich hat jeder seine Gaben und Fähigkeiten und wird von ihm entsprechend auf den Weg gebracht. Nun hatte ich das Amt, die Gewissheit, dass im Hintergrund eine Spendenzusage von ganzen DM 1000,– (in Worten: **tausend**!!!) stand und einen zusätzlichen Arbeitsplatz im eigenen Hause, aber es gab auch die gemeinsame Gewissheit, dass wir im Vertrauen auf Gott und durch unser Gebet ein Haus finden und die Deckungslücke für Gehälter und Nebenkosten ausgleichen können. **Und wir hatten nicht auf Sand gebaut!**

Im Juni 1994, also fast parallel zu unserer Vereinsgründung, wurde uns durch Gottes Hilfe ein Haus in der Kaiserstraße (auf dem Gelände meines früheren Arbeitgebers – das kann kein Zufall sein!) von dem Geschäftsführer der Parkhof- Gesellschaft kostenfrei zur Verfügung gestellt. Wir hatten jetzt eine Adresse und eine Heimat für unser Vorhaben – und wir waren dankbar! Dankbar waren wir für die Möglichkeit, im Sinne unserer Ziele arbeiten zu können.

Zwar war es für mich nicht immer leicht, dem Drängen auf ein Weiter und ein Mehr der Aktiven vor Ort nachzugeben oder auch zu widerstehen, Machbarkeit und Risiken abzuwägen, den Verwaltungsaufwand mit Spenden, Gehaltsabrechnungen, Behörden usw. zu bewältigen, das eigene Haus und den eigenen Mann in Beschlag zu nehmen (immerhin war für unsere Verwaltung ‚**kein Raum in der Herberge**‘), aber irgendwie klappte alles!

Der Wechsel in die Bahnhofstraße – im Herbst 1998 – schaffte dann auch den nötigen Platz, um auch alle Verwaltungsunterlagen in unser Café zu schaffen und ein ‚richtiges Büro‘ einzurichten. Längst war die Zahl der Mitarbeiter angewachsen, zusätzliche Bürokräfte waren eingestellt und die Abwicklung der Büroroutine hatte sich dadurch vereinfacht. Nicht vereinfacht hatte sich jedoch die Risikoabwägung, das sich immer wieder neu Einlassen auf finanzielle Wagnisse. Die Verhandlungen mit Ämtern waren durch diverse Arbeitsförderungsmaßnahmen umfangreicher geworden, parallel dazu stieg der Verwaltungsaufwand, was wiederum ein größeres Büro erforderlich machte. Auch dieses Problem konnte gelöst werden. Die neuen Büroräume befinden sich jetzt in einem Gebäude Ecke Bahnhofstraße/Fabrikstraße. Trotz allem aber, trotz Belastung, Unsicherheit, Termindruck, und was es sonst noch gab, ist – Gott sei Dank! – im gemeinsamen Streiten, Denken und Handeln immer wieder die Befriedigung des gemeinsamen Tuns und die Gewissheit, dass Gottes Segen uns begleitet!... "[1]

Diesem Zeugnis zugunsten Gottes, das in seiner klaren Sachlichkeit bewegt, ist nur hinzuzufügen, daß aus der zugrundeliegenden Erfahrung von sechs Kräfte zehrenden ehrenamtlichen Arbeitsjahren am Ende zwanzig geworden sind. Christa Marklin war als Hüterin der, Gott sei Dank, am Ende immer wieder schwarzen Zahlen der Stabilitätsanker einer umsichtig glaubenden Vernunft und stand dafür, daß sich der Motor unseres kleinen „Rettungsschiffes für Arme" nicht überhitzt festfraß. Am 23.3.2015 schied Christa Marklin aus dem Vorstand aus.[2] Ohne Christa Marklin wären 20 Jahre Café Jerusalem nicht vorstellbar. Gott wußte, was er tat, als er sie rief.

Zum Beispiel: Olaf Tendis

Olaf Tendis gehörte zu den 10 Christen, die am 29. Juni 1994 den Verein „Café Jerusalem" im Gemeindehaus der Luthergemeinde gründeten. Er war von Anfang an bereit, im Vorstand Verantwortung zu übernehmen. Er, der Diplomchemiker, der bürgerlich geprägte Akademiker, hat 12 Jahre lang als 2. Vorsitzender seine menschliche Erfahrung,

---

[1] Aus: Jerusalemmer Nr. 39, 2000, Extrablatt, S. IV.
[2] Amtsgericht Kiel Registergericht Urkundenrolle für 2015, Nr. 450; Protokoll der Mitgliederversammlung vom 23.3.2015.

Abbildung 8.1.: Olaf Tendis

seine Warmherzigkeit, aber auch die trainierte Sachlichkeit des Naturwissenschaftlers und nicht zuletzt seine Bereitschaft, mit geschickten Händen zuzupacken, in das Café Jerusalem eingebracht. Bewegend war, wie selbstverständlich Olaf Tendis sich zur Verfügung stellte: Unser erstes kleines „Asyl" in der Kaiserstraße, das zum Abbruch bereitstand und uns auf unbestimmte Zeit ohne Vertrag und jederzeit kündbar überlassen wurde, reinigte er zusammen mit Stefan Burmeister, unserem leitenden Gründerdiakon von Exkrementen und Spritzen, die Obdachlose und Drogies dort zurückgelassen hatten. Beide malten und tapezierten das kleine Häuschen und machten aus der früheren Bierhalle ein kleines Refugium für heruntergekommene Menschen. Er war durch Lebenserfahrung überzeugt, daß Gott diese ja nicht weniger liebt als die Prominenz dieser Welt. Doris, Olafs Frau, von Beruf Lehrerin, hatte schon früher den Kontakt zu Menschen ohne Obdach gesucht.

Wenn es nötig war, stand Olaf mit am Tresen und bediente unsere hungrigen und durstigen Gäste. Er nahm sie an, hatte für sie ein offenes Ohr und gab ihnen das Gefühl, willkommen zu sein. In seiner warmherzigen Sachlichkeit hielt er den himmelstürmenden Enthusiasmus Stefans in dieser ersten Zeit in guter, alltagstauglicher Balance. Er blieb Seelsorger und Kellner noch lange Jahre im Café auch, nachdem er aus dem Vorstand ausgeschieden war. In den vielen Jahren, in denen er – meist mit dem Fahrrad – ins Café fuhr, ist er zahllosen Armen begegnet, hat Einblicke in Lebensgeschichten gewonnen, die zeigen, wie gefährdet menschliches Leben ist, und das motivierte ihn und seine Frau, sich im Café den Menschen zu öffnen, ihnen zuzuhören und ihnen zu zeigen, daß sie Gott jederzeit willkommen sind. Das ist ein ganz wichtiger Dienst, und wir sind Olaf und Doris Tendis von Herzen dankbar, daß sie sowohl als Vereinsmitglieder wie als Mitarbeiter im Café den Menschen vom Rande einen Teil ihrer Lebens-Zeit schenkten.

Beide hatten als Liebhaber des Schönen, das Gott in seine Welt eingepflanzt hat, Freude an einem gepflegten Haus, an einem schön gestalteten Interieur. Sie haben dafür hart und gegen Widerstände gearbeitet und geschwitzt. Gern haben wir dort an geschmackvoll mit Meißner Porzellan gedeckten Tischen an Geburtstagsfeiern teilgenommen, die Kuchen gegessen, die Olaf kunstvoll gebacken hatte – aber dies Haus teilten Doris und Olaf auch mit Notleidenden, denen sie das leere Zimmer ihres Sohnes boten. Sie hatten Freude an Meißner Porzellan, aber genau so immer wieder neu ein Gästezimmer für Arme und Bedürftige in Not. Sie erfuhren Brüche. Zweimal fast mußten sie ihr Haus aufgrund betrügerischer Machenschaften bezahlen; beide erfuhren den Schmerz, nicht verstanden und gemobbt zu werden.

Und am Ende mußten sie loslassen und erlebten erschreckend wie hart, wie grausam auch für Christen das Ende sein kann. Unbarmherzig griff die Krankheit zu. Es blieb nur das Pflegeheim. Und der Sohn, das einzige Kind, 1993 Begleiter seiner Mutter zu den Obdachlosen, später Pastor in Österreich, also mit Frau und Kindern mehr als 1000 km von den Eltern entfernt, stürzte auf dem Weg zu einer Klimaschutzkonferenz des Weltrates der Kirchen in Afrika mit dem Flugzeug ab, und Olaf und Doris blieb buchstäblich nichts, vielleicht nicht einmal immer der Glaube. Und Gott? Ja! Es bleibt Gott, ob ich es glaube oder nicht. Und unser betender und fürbittender Glaube – daß hinter dieser grauenhaften Härte der heilige Lockruf Gottes vernehmbar wird, der uns in seinen Himmel ruft, in dem Er, Gott, barmherzig wie eine Mutter alle Tränen von unseren Augen wischt, auch von Olafs und Doris'. Dort werden wir alles verstehen. Und dort herrscht keine Demenz mehr, kein Tod; dort gibt es am Ende keinen Schmerz und keine Klage, nur Lob der herrlichen, heiligen Schönheit des liebenden Dreieinen Gottes. Und sollten sie da nicht auch ihren Sohn wiederfinden in der Liebe, die mächtiger ist als der Tod! Alle drei vereint in der preisenden Freude an dem Gott, der die Toten ins ewige Leben ruft! Genau dafür steht das Café Jerusalem am Ende. „Selig sind [wahrhaftig auch] die Trauernden, denn sie sollen [auf ewig] getröstet werden." Ja, kalkuliert man den Himmel ein, nivelliert sich der Unterschied zwischen den Armen und den Etablierten, zwischen den Leidenden und denen, die einigermaßen gut durchrutschen. Auch dafür steht Jesu Christi Café Jerusalem, dem Olaf und Doris gedient haben.

9. EIN PERSÖNLICHER, ZURÜCK BLICKENDER AUSBLICK

Inzwischen ist der Verein 27 Jahre alt. Von den Gründungsmitgliedern sind noch dabei Christian Hübscher, Fritz Krämer, Christa Marklin und der Verfasser. Tragende Säulen auf Zeit wie Olaf Tendis oder Wilfried Heymann hat Gott heimgeholt. Andere Christen haben inzwischen Verantwortung abgegeben, andere sie übernommen. Und Gott weiß, wie es weitergeht, denn das Café Jerusalem ist in aller menschlichen Schwäche sein Werk, das er nie aus der Hand gegeben und auch in Krisen-Zeiten nie im Stich gelassen hat. „Allein Gott die Ehre!" bekannte Angela Burmeister, die zu den verborgenen „Müttern" des „CJ" gehört. Aber ganz unkompliziert läuft es bei uns Menschen nicht. Wurde Gott auch in Jesus bis auf die letzte Zelle seines Leibes leibhaftig Mensch, bei uns gelingt es ihm immer nur teilweise, uns in die Tiefe seiner reinen Liebe zu locken, um uns mit sich zu erfüllen. Wir werden nie mehr als Sünder, die Gott mit Risiko auf seine Kosten nutzt und trotz häufiger Enttäuschungen nicht fallen läßt.

Die Glaubensabenteuer der ersten Zeit enthielten von Anfang an auch die Versuchung des Erfolgs. Der in einer Leistungsgesellschaft sofort einleuchtende Gedanke „Würde durch Arbeit" war zugleich gut versteckt vergiftet, denn er öffnete die staatlichen Geldquellen und verführte uns zu wucherndem Wachstum. Die Versuchung präsentiert sich immer sehr raffiniert. Bei uns: Wir sahen die Not des „entwerteten" Menschen, wollten helfen, und uns ergriff mindestens ein Hauch von Erfolgsrausch, der sich auf illusionären Glauben stützte. Lag nicht Erweckungssehnsucht in der Luft? Die Zahlen beeindruckten, die Quantität verlieh Ansehen. Daß der Quantität zu wenig Qualität entsprach, beunruhigte uns, aber wir zogen, gefangen im Netz der Verpflichtungen, allzu lange keine Konsequenzen. So gefährdeten wir die geistliche Wahrheit unseres Auftrags. Aber Gott blieb uns gnädig zugewandt, weil er sich treu bleibt. Vielleicht gerade darum ist das Café-Haus selbst bescheiden geblieben, ein wohnlich renoviertes „Abrißhaus", behaglich, alltäglich, im Grunde recht normal mit zuverlässigem Mietvertrag. Der Schweizer Johannes Czwalina hatte 1987 in der Anscharkirche gebetet: „Vater, schenke Neumünster ein kleines, feines Projekt!" Genau dieses Gebet hat Gott bisher erhört. Ja, Gott bleibt sich treu auf seiner Spur.

Die öffentliche Vermarktung unseres Vereins wurde hochprofessionell, auf Hochglanz gestylt. Und es geschah ja Großes im Kleinen, das Gott himmlisch glänzend wirkt. Unter Menschen gilt: Tue Gutes und rede darüber. Bei Gott auch? Auch unsere Jahresberichte sind ein Glanzstück der Information mit hervorragend aufbereitetem statistischen Zahlenmaterial. Große Sozialkonzerne wie die Diakonie oder die AWO oder globale Industrieunternehmen wie Mercedes oder Siemens machen es kaum besser. Mich beeindrucken die schiere Professionalität und die darin sichtbar werdende Dreiwirksamkeit Energie, Kompetenz und Fleiß. Auch all dies Geschenk Gottes, nicht zuletzt durch Freundschaftspreise.

Die „Jerusalëmmer" längst ein Blickfang! Trotz geringer Auflage in der Spitzengruppe weltweiter Straßenzeitungen. Ein enormer Kompetenzsprung und Qualitätsgewinn, seit 1995 die erste Nummer auf rauhem Papier gedruckt, stilistisch und orthographisch ungenüged, aber doch sehr authentisch erschienen war. Unsere Gäste hatten damals das Blatt selbst gefertigt, jetzt wird es von Profis gemacht. Damals war es Aufschrei aus der Tiefe, jetzt ist es Werbematerial auf der Höhe der Zeit für die Sehnsucht nach guter Menschlichkeit und dem tragenden Glauben an Gott.

War der visionäre Wunsch vom Anfang, den Himmel heute schon auf die Erde zu ziehen, unrealistisch, diesen Himmel, in dem Jesus „dem Clochard die Haare schneidet" und alle in Christus Brüder und Schwestern werden? Gewiß: Diesen Himmel reiner Liebe in ungebrochener Identität gibt es voll enthüllt erst nach dem irdischen Sterben. Olaf Tendis und andere Café-Jerusalemer sehen ihn jetzt in vollkommener Schönheit. Aber in den Gründungsimpulsen, die Gott dem Café Jerusalem setzte, war dieser Himmel angemeldet. Und es waren die Sternstunden Gottes im „CJ", in denen dies zu geschehen begann – unter der zupackenden Hand und Leitung von Stefan und Andreas und durch Christen, die im „CJ" den nach Liebe Hungernden dienten. Da war es groß, das kleine „CJ", dieser Brückenkopf des Gottesreiches in dieser schönen, aber harten Welt. Helfende und Hilfeempfänger erfuhren Gott und wurden gesegnet. Und das bis heute. Gottlob!

Gott hat uns klein gelassen. Er kennt unsere Grenzen und kann offenbar mit ihnen leben. Er hat in seiner vieltausendjährigen Geschichte mit uns Menschen Schlimmeres ertragen als unsere bisweilen kleinlichen Grenzen im „CJ", die ihn 27 Jahre gewiß auch hinderten, das himmlisch Extraordinäre zu wirken, aber wollte er es denn wirklich bisher schon zu unseren Zeiten?

Gewiß war es nicht die Professionalität, die uns hätte höher wachsen lassen können. Gottes Liebe ist wirklich glänzend, aber sie bedarf des aufpolierten Hochglanzes nicht. Dieser lenkt eher ab und entlarvt nicht selten, daß auch wir Christen von Geltungssucht nicht frei sind. Aber andererseits – vielleicht war es ja bisweilen auch die professionell layoutete Bitte um Hilfe, durch die Gott im Haushaltsbuch der roten Zahlen die Rettung brachte. Warum nicht? Noch leben wir in der Welt und nicht im Himmel.

Stefan Burmeister wollte Pastor, Hirte, einer „Gemeinde der Armen" aus dem Café Jerusalem heraus werden. Kraftquelle einer Gemeinde Christi ist zweifellos der Gottesdienst, der sich um das Bibelwort und das Heilige Abendmahl entfaltet. Wir haben die Erfahrung gemacht, daß die Gäste des „CJ" den Sprung in die etablierten Gemeinden nicht schafften. Jesus Christus hat seinen Christen nicht nur das Wort hinterlassen, das der Heilige Geist jeden Tag neu in lebendige Sprache verwandelt, er hat uns auch Brot und Wein anvertraut, in denen er selbst sich sakramental leibhaftig „kauen und trinken" läßt. „Wer mein Fleisch kaut und mein Blut trinkt, der hat das ewige Leben, und ich werde ihn auferwecken am ,letzten Tage'," hat er tief provozierend verheißen (Joh 6,54). Auch der gesegnete Leib ist Heilsträger – nicht nur der vornehme Geist und die edle, schöne Seele. Das war nicht nur der platonisch formierten Antike, die den Leib verachtete, ein schier unerträglicher Skandal, sondern wieder neu auch Moderne und Postmoderne[1], die den Leib zur technokratisch gestaltbaren Verfügungsmasse macht, aber Gott das Vermögen nicht mehr zutraut, sich in Brot und Wein essen und trinken zu lassen. Auch der Leib hungert nicht nach dem Skalpell des Chirurgen, wohl aber nach Gott. Und Gott ist nicht nur Liebhaber des Geistes und der Seele, er ist auch Liebhaber des Leibes, und darum heiligt er Brot und Wein zu Christusträgern. Haben nicht viele von uns Evangelischen das vergessen?

Stefan wollte Gottesdienst feiern im Café Jerusalem, und das mit Heiligem Abendmahl. Darum errichtete er einen Altar, schaffte Kelch und Patene an und gewann die bischöfliche Lizenz, das Heilige Abendmahl im „CJ" zu leiten. Für ihn war der Speisesaal des „CJ" nicht nur profaner, sondern auch heiliger Raum, denn er glaubte Christus dort wirklich real präsent. So meine ich ihn verstanden zu

---

[1] Am deutlichsten zeigt sich diese Leibverachtung im Konstruktivismus der Gender-Ideologie, die glaubt, mit Skalpell und Hormonen aus dem von Gott modellierten Mann eine Frau zurecht schneiden zu können und umgekehrt.

haben. Hier haben wir, wie ich glaube, im Café Jerusalem einen Schatz vergraben, den Stefan noch heben wollte.

War es vielleicht bisweilen auch eine Prise zuviel lobenswerter schwitzender Fleiß und zu wenig gelassenes, lobendes und preisendes Gottvertrauen, das uns und Gott behinderte? Warum hat Gott uns – „in aller Schwäche ein starkes Angebot" – klein gehalten? Wir hätten gern das „Lebenshaus", von dem schon Stefan Burmeister träumte, und das Andreas Böhm über die eingerichtete Stiftung gewinnen wollte. Hier sollte sich gemeinsames geschwisterliches therapeutisches Leben entfalten. Für Gott war es augenscheinlich nicht an der Zeit. Warum hat er uns in irdischer Normalität fixiert, wo er doch selbst extraordinär ist? Ich weiß es nicht. Immerhin, wo die kleinliche Erde auf den großzügigen Himmel, wo der in seinen Ressourcen grundsätzlich begrenzte Mensch auf den allmächtigen Gott trifft und Gott sich ihm verbinden will, da entsteht eine hochkomplexe Situation, die allein Gott handhaben kann. Wir verwirren sie oft. Es ist – jeder Christ kennt die Erfahrung – nicht immer leicht, Gott zu hören, und schon überhaupt nicht, ihn trennscharf zu verstehen. Gott spielt seine eigene Melodie und tanzt nicht nach unserer Pfeife, auch nicht nach unseren frommen Instrumenten. Es bleibt bei Jesus: SEIN, Gottes Wille, geschieht. Er weiß wirklich alles allemal besser. Und so betrachtet ist das „CJ" auch irgendwie richtig so – wie es gesegnet nach Gottes Melodie lebt und Jesu Gasthaus für Menschen ist, die hungern und dürsten nach Gott – und das leider längst nicht immer so, wie es in frommen Büchern steht.

Die Qualität des Vereins wird auch in Zukunft vor allem abhängen von der Intensität, mit der das Herz möglichst vieler Beteiligter hingegeben für Jesus zu brennen beginnt. Und Respekt vor der Geschichte, die Jesus Christus, ob gewaltig oder gering, öffentlich oder verborgen gewirkt und begleitet hat, ist Ausdruck der Liebe zu Jesus. Danke, Jesus, für jetzt schon 27 Jahre Café Jerusalem im „kleinen, feinen Projekt"!

Die Erfahrung dieses Gottes-Projekts findet Ausdruck in dem Leitsatz „In aller Schwäche ein starkes Angebot." Es begann zweifellos, wie Angela Burmeister formulierte, erwecklich. Gott feuerte es an. Er hielt dies Feuer augenscheinlich auf mittlerer Flamme, die unseren geistlichen Verhältnissen in Neumünster angemessen ist. Eine berauschende Erweckung, von der wir bisweilen träumten, scheint gegenwärtig bei uns vor Ort nicht in Gottes Himmelreichskonzept zu passen. Offenbar sind wir „Neumünsteraner Christen" auch einer lodernden Erweckung gegenwärtig nicht gewachsen. Vielleicht würde sie das lebensdienlich Bestehende tief gefährden. Sie würde uns jedenfalls zwingen, auf allen Ebenen unseres eingerichteten Lebens alles zur Disposition zu stellen, ja, loszulassen, was wir mühsam erarbeitet haben. Und Gott denkt, wie die Glaubensgeschichte Israels vor Augen führt, in Jahrhunderten, in Jahrtausenden, in dem Zeitaspekt, den wir Ewigkeit nennen. Wir gehen darauf zu, ohne wirklich zu begreifen, wie und was da ist. Für's erste genügt wirklich Jesus, der auf uns wartet, und der auch im Café Jerusalem verkündet: „Selig ihr Armen, denn euer ist das Himmelreich." (Lk 6,20) Das aber gilt es auch zu feiern.

ABBILDUNGSVERZEICHNIS

2.1. WC 1994 vor der Öffnung des Café Jerusalem . 15
2.2. Café Jerusalem zu Beginn in der Kaiserstraße . 16
2.3. Möbelkammer in der Kaiserstraße 11-13 41
2.4. Das neue Möbellager in der Altonaer Straße . . 44
2.5. Die Jerusalëmmer 2000, Nr. 12, Titelblatt 47
2.6. Noch eine Bruchbude – unser neues Zuhause
     – und unser Diakon Stefan beim Bau 54

3.1. Altaraufsatz mit Kelch und Patene, entworfen und gestaltet von Christel Burmeister-Gronau 93

4.1. Titelseite der Jerusalëmmer 2009, Nr. 99. 115
4.2. Pressebericht über Schließung des Möbellagers 2002 124

5.1. Liebevoll bereitetes Frühstück 148

7.1. Stefan Burmeister – Abschiedsgruß? 192

8.1. Olaf Tendis 203